완벽한 항복
Absolute Surrender

Absolute Surrender

Copyright ⓒ2002 by Robert Whitaker Jr., Vice President
Original Publisher MEMORANDUM OF AGREEMENT
made this 5th day of February, 2002 between
WHITAKER HOUSE, 30 Hunt Balley Circle,
New Kensington, Pennsylvania 15068,
USA(hereinafter called the ORIGINAL PUBLISHERS)
for themselves, their successors
and assigns on the one part
and Bethel Publishers,
123, Buil-ro, Wonmi Gu, Bucheon City, Gyeonggi Do, Korea.

본 저작물의 한국어판 저작권은
Robert Whitaker Jr를 통한 Original Publishers와의
독점 계약으로 한국어 판권을 '벧엘서원'이 소유합니다.
저작권법에 의하여 한국내에서 보호를 받는 저작물이므로
무단 전제와 무단 복제를 금합니다.

앤드류 머레이의

완벽한 항복

Absolute Surrender

차례

서문_6

1 성령충만의 길_11

2 성령으로 충만되는 축복_25

3 육신적인 것과 영적인 것_41

4 성령께로 분별되는 생활_63

5 베드로의 회심_79

6 완벽한 항복_91

7 우리의 생명이신 그리스도_109

8 우리는 늘 사랑할 수 있다_123

9 사람은 할 수 없으나 하나님은 하신다_139

10 성령으로 시작하였다가_155

11 하나님의 능력으로 보호하심을 입으라_169

12 너희는 가지니_191

| 완벽한 항복

| 서 문 |

앤드류 머레이는 당대에 심오한 영적인 영향을 미쳤던 출중한 설교자들 중 한 사람으로서 그의 사역은 그의 저서들을 통해 후대의 독자들에게 지속적인 영향력을 행사함으로 그의 사후에도 계속되고 있습니다. 스코틀랜드 출신인 그의 아버지는 식민지 케이프(Cape)의 총독의 권유에 따라 식민자들을 사역하기 위해 갔던 장로교 사역자들 중 한 사람이었습니다. 그라프 레이넷(Graaf Reinet)의 사제관에서 열일곱 명의 아이들이 출생했고 그 대가족 중 한 사람으로서 앤드류는 참으로 경건한 가정의 영향 아래서 그의 유년 시절을 보냈습니다. 그는 아홉 살의 나이에 그의 형과 스코틀랜드로 가 애버딘(Aberdeen)에서 교육받았으며 그곳을 졸업한 후 네덜란드의 유트레히트(Utrecht)의 신학교에 진학하여 신학 교육을 받고 그곳에서 그가 늘 회심으로 여기던 영적 체험을 하게 되었습니다.

이십 세 때 그는 남아프리카로 돌아와 블로엄폰테인(Bloemfontein)에 있는 교회의 담임 목사로 임명되었습니다. 몇 년 동안 그는 오렌지 자유주(Orange Free State) 전역에 걸쳐 사역자로 임명된 유일한 사람이었습니다. 처음에 그곳 사람들은 젊은 목사를 무시하는 경향을 보였지만 그의 설교자로서의 탁월한 은사는 채 얼마 되지 않아 그들의 확신과 존경을 얻기에 충분하였으며 그는 광범위한 지역에 걸쳐 주목할 만한 사역을 수행하기에 이르렀습니다. 그는 우스터(Worcester)와 케이프 타운(Cape Town)에서 4년 간에 걸쳐 단기 사역을 행한 이후 1871년에 웰링턴(Wellington)에서 사역을 시작하여 주 안에 잠들기까지 45년 동안 두드러진 사역을 계속하였습니다.

앤드류 머레이는 설교자로서의 능력만이 아니라 폭넓고 다양한 은사와 재능으로도 명성이 높았습니다. 목회자로서, 복음 전도자로서, 특별 집회 연사로서, 선교 전략가와 교육가로서 그는 이 모든 영역에서 뛰어난 소양을 보였습니다. 1881년에 케스윅 총회(Keswick Convention)를 방문하면서부터 그의 사역의 장성한 분량은 드러나기 시작했습니다. 케스윅 총회 설립 초기부터 그는 첨예한 관심으로 그에 대한 보고서를 작성했습니다. 1880년에 그는 인후에 발병한 질병으로 인해 설교를 포기하지 않으면 안 되게 되었고 의사는 그가 다시는 공중 앞에서 설교할 수 있는 가능성이 거의 없다고 말했습니다. 그는 전문가의 조언을 듣기 위해 영국으로 갔지만, 치료에 대한 기대를 할 수 없었습니다. 그는 자신의 질병에 대한 절실한 필요를 느껴 케스윅으로 갔습니다. 거기에서 모임 후에 그는 일어나서 자신이 얼마나 성령으로 충만된 생활을 살 수 있기를 갈망하고 있는지 간증하였고 바로 그 다음날 "주님께서 그에게 그분 자신을 계시해주셨습니다."

'믿음의 생활'이란 간증서에서 그는 "하나님의 일을 추구하는 자아는 순종하기를 거부하는, 슬며시 기어 들어온 육체보다 훨씬 더 위험하다. 영적 진리를 배우는 것과 영적 사역을 하는 것은 하나님의 생명으로 영혼에 그 충만한 능력을 계시하지 못하게 한다. … 나는 런던에서 믿음으로 병을 치료하는 가정에 간 적이 있는데, 거기서 주께서 오셔서 성령에 의해 내 몸을 점유하심으로 내게 건강과 능력을 주시기를 구하는 것이 말할 수 없이 엄숙하고 복된 것임을 배웠다. … (케스윅)에서 나는 예수를 깨끗케 하시는 분으로 믿고 영접했다. 나는 그분을 앙망함으로 그분의 보혈을 흘리심이 그러한 것처럼 나에게 그분의 보혈을 뿌려주심이 영광스럽고 효과적임을 알았다. 그리고 나는 성령으로 충만케 됨이 정결케 됨의 결과로 뒤따른다는 것을 보았다. …"고 말했습니다.

이 집회 후에 그의 목소리는 회복되었고 그는 영적 능력의 충만함 가운데 남아프리카로 돌아왔습니다. 그가 쓴 책은 영어권 세계 전역에 걸쳐 심도있게 읽혀졌습니다. 그 책의 대부분이 남아프리카의 네덜란드 공용어로 기록되었지만 오히려 영어 번역본으로 훨씬 더 넓게 유포되었습니다. 그는 1895년에 다시 영국을 방문하여 케스윅에서 잊을 수 없는 연설을 했습니다. 또한 동부 런던에서 위대한 복음주의적 캠페인을 위한 준비로 일련의 연설을 했는데, 이러한 연설은 그대로 기록되어 '완벽한 항복(원제:Absolute Surrender)'이라는 제목으로 출판되었습니다. 지금까지 수많은 번역판이 발간되었고 이제 이렇게 편집된 이 번역판은 주께 완전히 굴복된 삶을 살기를 바라는 새로운 세대들에 대한 도전이 될 것입니다.

1/ 성령충만의 길

다음에 언급된 말씀은 잘 알려진 말씀입니다. 사도행전 2장 4절, "저희가 다 성령의 충만함을 받고", 에베소서 5장 18절, "오직 성령의 충만을 받으라". 전자는 하나의 설명으로서 실제로 일어났던 일을 우리에게 말해주고 후자는 하나의 명령으로서 우리가 해야만 하는 것을 말해 줍니다.

내가 만일 당신에게 "술 취하지 말라'는 명령을 지키려고 노력하십니까?"라고 묻는다면 당신은 즉시 "예. 그리스도인으로서 그 명령을 순종합니다."라고 대답할 것입니다. 그러나 당신이 "성령의 충만을 받으라는 명령은 순종하셨습니까? 당신은 성령으로 충만한 삶을 살고 있습니까?"라는 질문에 대해 그렇다고 대답할 수 없다면 그 이유는 어디에 있습니까? 당신은 그 명령을 취해 기꺼이 "나는 하나님의 도움으로 순종하기 원합니다. 나는 그 명령에 순종하여 성령으로 충만될 때까지 결코 자신을 느슨하게 풀어놓지 않겠습니다."라고 말하겠습니까?

   나는 이 메시지를 시작하면서 여기에 하나님의 말씀 안에서 하나님의 명령을 듣는 것에 대한 간단한 질문이 있음을 말하고 싶습니다. 하나님께서는 모든 그리스도인에게 "나의 자녀야, 나는 네가 성령으로 충만되길 원하노라"는 메시지를 주십니다. 이러한 하나님의 말씀에 대하여 "아버지, 저 또한 성령으로 충만되기를 원합니다. 저는 이미 준비가 되었습니다. 저는 하나님께 순종하기 위하여 자신을 내려놓겠습니다. 당신의 영으로 저를 채워주소서."라고 대답하십시오.

   또한 나는 누구도 성령으로 충만케 되는 것이 무엇인지에 대해서 잘못된 인상을 갖지 않도록, 성령으로 충만함은 흥분으로 가득한 상태도 아니고 절대적으로 완벽한 상태도 아님을 말하고 싶습니다. 결코 그렇지 않습니다. 성령으로 충만케 되는 것은 단순히 나의 모든 본성을 하나님의 능력에 굴복시키는 것입니다. 영혼 전체가 성령께 굴복할 때 하나님께서 친히 영혼을 채워주실 것입니다.

   그렇다면 성령으로 충만되기 위해 필요한 것은 무엇입니까? 나는 이 질문에 대한 가장 좋은 답변을 찾는 길은 예수 그리스도께서 오순절을 위하여 사도들을 준비시키셨던 방법을 살펴보는 것이라고 생각합니다. 우리는 선교사가 이교도의 땅에서 어떻게 선교했는지 압니다. 회심자들이 선교사에게 오면 선교사는 침례반을 구성하고 어린 회심자들을 일 년 혹은 그 이상 교육시키고 훈련시키며 시험하여 합당한 그리스도인의 생활을 할 수 있도록 그들을 준비시키는 경우가 있습니다. 예수께서도 친히 사도들로 3년 동안 훈련과 준비의 기간을 통과하게 하셨습니다. 그것은 신기한 것도, 임의적인 것도 아닌 성령께서 그들에게 임하심입니다. 그들은 성령께서 그들 위에 임하실 수 있도록 예비된 것입니다. 침례자 요한은 그들에게 무엇이 임할 것인지 말했습니다. 요한은 보혈을 흘리신 하나님의 어린양뿐만 아니라, 성령이 그 위에 강림하셨던 분께서 성령으로 침례주시리라는 것도 전파했습니다.

그렇다면 사도들의 훈련은 어디에 있습니까? 성령 침례를 위한 사도들의 준비됨은 어디에 있습니까?

먼저, 사도들은 예수를 따르기 위해 모든 것을 버렸던 사람들이었음을 기억하십시오. 우리는 주 예수께서 한 사도에게 가서서 "네 그물을 버리라"고 말씀하시고 또 다른 사도에게 가서서 "세관을 떠나 나를 따르라"고 말씀하셨음을 압니다. 그들은 주 예수님의 말씀대로 하였고 후에 베드로의 입을 통해 "주여, 우리가 모든 것, 우리의 가정, 가족, 명성을 버리고 당신을 따랐나이다."라고 말할 수 있었습니다. 사람들은 그들을 멸시하고 비웃으면서 그들을 예수의 제자들이라고 불렀습니다.

예수께서 경멸받고 미움받으셨을 때 그들 또한 같은 대우를 받았습니다. 그들은 자신을 예수님과 동일시했으며 그분의 명령을 준행하기 위해 자신들을 완전히 포기했습니다. 제자들의 이러한 삶은 그들로 성령 침례를 받을 수 있게 하는 길의 첫 단계입니다. 우리는 그리스도를 따르기 위해 모든 것을 버려야만 합니다.

나는 지금 죄를 버리는 것에 대해 말하고 있는 것이 아닙니다. 죄를 버리는 것은 우리가 회심할 때 했어야 할 일이며 내가 말하고 있는 것에는 이보다 훨씬 넓은 의미가 포함되어 있습니다. 많은 그리스도인들은 그들을 구원하고 도와줄 수 있는 분으로 예수를 영접했다고 생각할 뿐 그분이 실제로 그들의 주인이심은 부인합니다. 많은 일에 있어서 자신들의 뜻을 가질 권리가 있다고 생각하는 것입니다. 그들은 자신들이 좋아하는 대로 많이 말하고 좋아하는 대로 행하며 원하는 대로 재산과 소유를 사용합니다. 그들의 주인은 자신들이며 "예수님, 저는 당신을 따르기 위해 모든 것을 버리겠습니다."라고 말한 적이 한 번도 없습니다.

그러나 모든 것을 버리고 그리스도를 따라야 한다는 것은 우리에 대한 그분의 요구입니다. 그리스도께서는 무한한 부와 영광을 갖고 계시며 그분은 하늘에 속하고 영적이며 신성한 은사이십니다. 만일 우리가 모든 것을 포기하지 않는다면 우리 마음은 그분으로 채워질 수 없으므로 그분께서는 "모든 것을 버리고 나를 따르라"고 말씀하십니다.

요하네스버그에서 하나님께서 자신들을 위해 하셨던 일을 간증하기 위한 모임을 가진 적이 있었는데, 그 날 오후에 한 가난한 여인이 일어나서 여섯 달 쯤 전에 어떻게 하나님의 영의 흐름을 통하여 은혜를 입었는지를 말하였습니다. 그 여인이 참석했던 한 봉헌집회에서 말씀을 전하던 목사가 누가 예수를 위하여 스스로를 완전히 포기하였는지를 물었습니다. 그는 "하나님께서 여러분이 중국에 가길 원하신다고 가정해 보십시오. 혹은 여러분이 아내와 자식들을 버리기를 원하신다고 생각해보십시오. 여러분은 기꺼이 하나님의 원함을 따르시겠습니까?"라고 물었습니다. 그녀는 "저는 예수님께로 나아가기 위하여 모든 것을 버리겠다고 말할 수 있기를 진심으로 원했지만 그럴 수 없었습니다. 목사님께서 기꺼이 따를 수 있는 사람들은 일어나라고 하셨을 때, 저는 앉아 있을 수 없어서 일어나 말했습니다. '예, 저는 모든 것을 포기할 수 있습니다.' 그러나 내 남편과 아이들은 버릴 수 없을 것 같다는 마음이 있었습니다. 집에 왔지만 주님과 싸우고 있었기 때문에 잠을 잘 수도 쉴 수도 없었습니다. '제가 모든 것을 버려야만 합니까? 저는 예수님을 위해서 그렇게 하길 원합니다.' 그 날 밤이 지나 저는 '주님, 당신을 위하여 모든 것을 버리겠나이다!'라고 말했습니다. 그 즉시 영의 기쁨과 능력이 제 가슴속으로 흘러들었습니다." 그녀는 자신에게 일어난 일을 간증하였고 목사는 그녀가 주님의 기쁨 안에서 행했다고 그녀에 대해서 다시 한 번 간증하였습니다.

당신은 기꺼이 "오 주님, 성령으로 저를 충만케 하여 주소서. 저는 그 어떤 것도 그 무엇도 버릴 것입니다. 저의 순종을 받아주소서."라고 말하겠습니까?

우리 각자는 자신을 살펴보아야 합니다. 어떤이들은 그렇게 할 필요성을 느껴본 적이 없을 것이고 어떤이들은 예수께서 그분과 그 복음을 위하여 아비와 어미와 아내와 자녀와 집과 전토와 모든 것을 버리지 않으면 그분께 합당하지 않다고 말씀하셨을 때 그 말씀이 의미하는 바가 무엇인지 결코 이해하지 못합니다. 이는 당신의 생명이 성령으로 충만되지 않아 나약하기 때문이 아니겠습니까? 당신은 그리스도를 따르기 위해 모든 것을 버려본 적이 없습니다.

그러나 사도들은 예수를 따르기 위해 모든 것을 버렸을 뿐만 아니라 그분을 강렬히 사랑하였습니다. 예수님께서는 "너희가 나를 사랑하면 나의 계명을 지키리라 내가 아버지께 구하겠으니 그가 또 다른 보혜사를 너희에게 주사 영원토록 너희와 함께 있게 하시리니"라고 말씀하셨습니다. 사도들은 예수님을 열렬히 사랑하였습니다. 사도들은 예수님께서 핍박받으시는 것을 보아 왔지만 그들의 마음은 그분으로부터 분리될 수 없었습니다. 예수님 없이 그들은 이 땅에서 어떤 소망도 기쁨도 위안도 가질 수 없었습니다. 우리의 신앙생활에서 매우 결핍된 것이 바로 이것입니다. 우리는 예수님과 갈보리에서의 그분의 역사를 믿습니다. 우리는 예수님을 우리의 구원자로 믿습니다. 이렇게 그분을 믿는 것은 우리가 구원받기에 충분하며 족할 수 있습니다. 그러나 신앙이란 그분에 대한 친밀하고 가까우며 개인적인 애정과 매일의 그분과의 교통으로 구성되며, 보이지 않는 예수님이 우리의 친구이자 안내자이며 항상 우리를 지켜주시는 분이시고 우리가 순종할 지도자이시자 주인이시라고 생각하는 것을 의미합니다. 많은 종교에서 이러한 사상을 찾아보기가 얼마나 어려운지!

한 젊은 여선교사가 남아프리카로 와서 어릴 적부터 주 예수를 어떻게 사랑해 왔으며 독실한 친구들과의 모임과 경건한 가정 안에서 어떻게 교육을 받았는지에 대해 내게 말해 주었습니다. 그러나 그녀가 더 깊은 축복을 받는 것이 무엇인지 알았을 때, 그것은 그녀에게 얼마나 큰 차이를 발생시켰는지! 나는 그녀에게 "어릴 적부터 밝고 독실한 분위기에서 사셨군요. 그때 살았던 삶과 그 후의 삶에 차이가 있으면 말해주시겠소?"라고 말했습니다. 그녀의 대답은 간단하고 쉬우며 명쾌했습니다. "바로 주님과 개인적인 교통을 하게 된 것입니다." 어떤이들은 종교를 위해 모든 것을 버릴 것입니다. 다수가 거짓된 종교를 위해서 그들의 모든 것을 포기해 왔습니다. 어떤이들은 그들의 교회를 위해 모든 것을 버리려 하며 또 다른이들은 동료를 위해 모든 것을 포기하려 할 것입니다. 그러나 우리에게 필요한 것은 이것이 아닙니다. 우리는 예수를 위해 모든 것을 버리기를, 그분께서 우리의 생명 안으로 들어오셔서 우리의 마음을 사로잡으시기를 원합니다. 당신의 삶은 예수를 부드럽고 친밀하게 사랑하며 그분 안에서 진실로 기뻐하는 것입니까? 나는 당신이 완벽하게 이러한 삶을 사느냐고 묻는 것이 아니라 정직하게 "그것이 내가 추구하려던 바요 그것이 내가 자신을 포기하여 얻고자 하는 것이요 내가 가장 갈망하던 바입니다."라고 말할 수 있는가를 묻는 것입니다. 예수 그리스도께서는 우리 자신을 날마다, 하루종일 소유해서야 합니다.

여기에서 한 가지 더 말하고 싶은 것은 이러한 제자들은 자신들에 대하여 절망했던 사람들이었다는 사실입니다. 삼 년의 교육 기간의 초기에 그들은 자신들이 소유했던 모든 것을 포기해야만 했습니다. 그러나 그들은 그 시기의 마지막에서야 비로소 자신들을 포기하기 시작했습니다. 그들은 자신들의 그물과 가정과 친구들을 버렸고 그것은 옳은 것이었지만 삼 년 내내 그들 가운데 얼마나 자아가 강하게 활동하고 있었는지! 주님께서 얼마나 자주 겸손에 대해서 그들에게 말씀하셔야 했는지! 그러나 그들은 주님을 이해할 수 없었습니다. 시간이 지날수록 그들 가운데는 누가 으뜸이 되어야 하는가에 대한 논쟁이 거듭되었습니다. 심지어 만찬상에서조차 여전히 자신들 중 누가 으뜸이어야 하는지에 대한 논쟁이 일어났습니다. 그들은 자아를 포기하지 못했던 것입니다. 그들이 얼마나 예수님의 영 안에 살지 못했는지!

그리스도께서는 그들을 가르치시고 훈련하셨습니다. 그분은 자주 교만의 죄가 무엇인지, 겸손의 영광이 무엇인지 알려주셨습니다. 그분께서 십자가에서 돌아가셨을 때 사도들 또한 철저하게 죽었습니다. 주님을 부인했던 성급한 제자 베드로를 생각해 보십시오. 주님께서 십자가에서 죽으시고 부활하시기까지 삼 일 동안 베드로는 슬퍼하면서 자신이 어떻게 주님을 대했는가에 대한 수치로 얼마나 통렬했을지를 생각해 보십시오. 그때 베드로는 자신에 대한 절망을 배웠습니다. 만찬상에서 베드로는 얼마나 자신만만했던지! "모든 이가 주님을 버릴지라도 나는 버리지 않겠나이다." 그러나 주님께서는 베드로를 죽음과 무덤으로 데려가셨고 그때 베드로는 진실로 자신 안에 선한 것이 전혀 없음을 느꼈습니다. 비로소 그는 자신에 대한 절망을 배웠습니다.

아마도 당신은 예수를 위해 자신의 모든 것, 재산, 가정, 친구들, 지위를 버렸으며 그분을 진실로 사랑한다고 생각하지만 자신이 필요로 하는 축복은 곧바로 얻을 수 없다고 말할지 모릅니다. 그러나 당신은 기꺼이 하나님께서 그분의 감찰하시는 빛으로 당신 안에 자신의 뜻과 자신에 대한 신뢰가 얼마나 많은지 드러내시도록 하겠습니까? 사람들에 대한 당신의 판단을 예로 들어봅시다. 당신은 자신이 좋아하는 것과 옳다고 생각하는 것을 즉시 말하지만 아직 예수님의 겸손하심과 부드러우심과 온유하심을 배우지 못하였습니다. 그것이 자아입니다. 당신은 예수님을 위해 일하고 선을 행하려 노력하지만 사실상 항상 일하는 것은 자신입니다. 그리스도인으로서 당신은 사역을 하며 하나님의 도우심과 축복을 앙망하지만 하나님께서는 당신이 바라는 대로 하실 수 없습니다. 하나님께서는 먼저 우리 각 사람을 죽음의 위치로 데려가셔야만 합니다.

예수님의 죽음이 무엇을 의미하는지 아시겠습니까? 예수님의 죽음이 의미하는 바는 바로 그분께서 아버지께 말씀드렸던 것으로서 그 내용은 다음과 같습니다. "매우 귀하고 죄 없는 저의 생명이 여기 있습니다. 저는 생전에 그것을 당신께 내어 드렸고, 이제 죽음으로 드리려 합니다." 그분은 "아버지여, 내 영혼을 아버지 손에 부탁하나이다."라고 말씀하시며 돌아가셨습니다. 그분께서 자신의 생명을 완전히 포기하시고 죽음과 무덤의 짙은 흑암 가운데로 들어가셨으므로 하나님께서는 그분을 새 생명과 새 영광과 새 능력 안으로 들어올리셨습니다. 부활의 비밀은 바로 죽음입니다. 만일 성령과 영광의 높여진 생명으로 충만케 되기를 원한다면 먼저 우리의 자아가 죽어야만 합니다. 사도들은 극도로 자기 절망에 이른 사람들이요 모든 것을 잃은 사람들이요 하늘에 계시는 하나님으로부터 모든 것을 받을 준비가 된 사람들이었습니다.

우리가 한 가지 더 생각해야 할 것은 사도들은 믿음 안에서 예수님으로부터 성령의 약속을 받았던 사람들이라는 사실입니다. 우리는 그리스도께서 잡히시기 전 마지막 밤에 그들에게 성령에 대해서 한 번 이상 말씀하셨다는 것을 알고 있습니다. 그 이후에 승천하실 준비가 되었을 때 그분께서는 다시 한 번 "너희가 몇 날이 못 되어 성령으로 침례를 받으리라"고 말씀하셨습니다. 만일 우리가 사도들에게 그 말이 무슨 뜻인지를 물었다면 확신하건대 그들은 그에 대해 대답할 수 없었을 것입니다. 지금 우리가 이해하지 못하는 것처럼 사도들 또한 이해하지 못했을 것입니다. 그들은 무슨 일이 일어날지에 대해 아무런 생각도 할 수 없었습니다. 그러나 그들은 예수님의 말씀을 붙들었습니다. 만일 그들이 열흘 동안 그에 관해 이야기하고 토론할 필요를 느꼈었더라면 그들은 다음과 같이 말했으리라 확신합니다. "주님께서 이 땅에 계실 때 우리를 위하여 놀라운 일들을 하셨으므로 이제 영광 안에 계신 그분께서 더 놀라운 일들을 무한하게 하실 것은 당연한 것이다." 사도들은 주님께서 자신들의 믿음대로 행하실 것을 기다렸습니다.

이제 나는 우리가 믿음으로 이 약속을 받아들임으로 "성령 충만에 대한 약속은 나를 위한 것이다. 나는 예수님의 돌봄으로 그 약속을 받아들인다."라고 말할 수 있기를 바랍니다. 우리는 그것을 이해하지 못할 수도 있습니다. 우리는 자신들이 느끼고 싶은 대로 느끼지 못할지도 모릅니다. 우리는 자신이 약하고 죄로 가득하며 예수님으로부터 멀리 떨어져 있다고 느낄 수도 있습니다. 그러나 지금 그 약속은 나를 위한 것이라고 말하십시오. 우리에게는 그렇게 말할 권리가 있습니다. 그렇게 할 준비가 되어 있습니까? 믿음 안에서 예수님의 약속과 말씀과 사랑을 신뢰할 준비가 되어 있습니까?

나는 자신에게 부족한 것이 무엇인지 알아내기 위해 분투하고, 진심으로 완전히 자신을 드리며, 진정으로 그분을 사랑하고, 티끌 가운데 겸허해지기를 추구해온 믿는이들이 많이 있다고 확신합니다. 그러나 그러한 믿는이들에게 부족한 것은 "그분께서 약속하셨으므로 그 약속을 반드시 지키실 것입니다."라고 말하는 것을 배우지 못한 것입니다.

이 글을 읽는 이들을 격려하기 위해 덧붙이고자 하는 한 마디는 우리가 하나님으로부터 약속을 얻을 때 이 약속은 이미 성취된 것과 같은 가치를 지닌다는 것입니다. 약속은 하나님을 직접적으로 접촉하는 데로 우리를 이끌 것입니다. 약속을 믿고 하나님께 순종함으로 그분을 존귀케 하십시오. 우리에게 그 약속이 성취되는 데 준비되어야 할 것이 있다면 하나님께서는 그 필요에 대해 아실 것이며, 우리가 그분을 의지한다면 그분은 어떤 것이든 우리에게 열려야 할 것을 열어주실 것입니다. 그분의 약속을 신뢰하고 '성령 충만은 나를 위한 것이다'라고 말하십시오.

사도들이 성령 충만을 받기 위해 준비됨에 있어서 마지막 단계는 그 약속의 힘으로 합심하여 기도하면서 기다렸다는 것입니다. 그들은 기도 안에서 하나님을 받들었습니다! 그들은 동심합의하여 기도하면서 기다렸습니다. 약속과 탄원은 찬양과 섞여 하나님께 올라갔습니다. 그들은 하늘에 계시는 하나님께서 무언가 하시길 기대하였습니다. 나는 이러한 것의 중요성을 말하고 싶습니다. 나는 자신들이 원하는 것을 깨닫고 이해하며 생각하고 요구하며 얻고 싶어하는 그리스도인들을 봐왔지만 그들은 자신들이 갈망하는 것을 붙잡을 수 없었는데, 그 이유는 그들이 하나님께서 자신들이 원하는 것을 주시도록 기다리지 않는데 있었습니다.

우리가 생각하고 이해하는 것을 바라보지 말고 하나님을 바라보고 그분께서 뭔가를 해주시길 기대하십시오. 믿는 것만으로는 충분치 않습니다. 나는 많은 사람들이 믿음을 축복으로 잘못 생각한다는 사실을 발견하곤 합니다. 물론 믿음에 의해 약속을 상속받을 수 있습니다. 오, 하나님을 믿고 신뢰하십시오. 그리고서 축복을 주실 하나님을 앙망하십시오. 그리하면 성령으로 충만될 것입니다.

2/ 성령으로 충만되는 축복

성령으로 충만됨의 축복이 어떠한 것인가에 대해서는 오순절에 사도들의 생명이 놀랍게 변화된 것을 지적하는 것보다 더 분명하게 제시할 수 있는 예가 없다고 생각합니다. 이는 성경 전반에 걸친 가장 경이로운 실물교육(object-lessons)중 하나입니다. 열두 제자는 삼 년 동안 그리스도에게서 훈련을 받았으나 그들이 살아내야만 했던 삶에서 동떨어져 지냈습니다. 그러나 그후 즉시 성령의 축복된 임재로 하나님께서 그들에게 원하시던 것이 이루어졌습니다.

먼저 오순절이 사도들과 예수님의 관계에서 일으킨 변화를 살펴봅시다. 예수님께서 이 땅에 사셨을 때 그분은 사도들 안에 거히 실 수 없었습니다. 그분께서는 그들과 분리되어 그들 밖에 계셨습니다. 매우 조심스럽게 말하거니와 성령께서 임재하실 때까지 그리스도께서 그들을 가르치시는 데 있어서 얼마나 실패하셨는지 모릅니다! 그리스도께서는 그들에게 겸손에 대해 자주 가르치셨습니다. 주님께서는 "나는 마음이 온유하고 겸손하니 내게서 배우라", "자신을 낮추는 자는 높아지리라"고 자주 말씀하셨습니다. 그러나 거룩한 만찬상에서 그들은 여전히 그들 중 누가 머리가 되어야 하는가를 두고 싸웠습니다. 그리스도께서는 그들의 교만을 정복하실 수 없으셨는데, 이는 신성한 가르침의 부족으로 인한 것이 아니었습니다. 그렇다면 그 이유는 무엇입니까? 그것은 바로 그리스도께서 여전히 그들 밖에 거하셔서 그들 마음 안으로 들어오실 수 없으셨던 이 한 가지 사실로 인한 것입니다. 그때 그분께서 그들 속에 거하시는 것은 불가능한 일이었습니다. 그분께서 그들 속에 거하실 수 있는 때는 아직 이르지 않았으므로 신성하고 전능하신 구속자께서는 그들과 함께하셨으나 여전히 그들 밖에 계셔야 했습니다. 사도들은 예수님과 얼마나 달랐는지! 성령께서 우리 안에 어떤 가르침을 역사하게 하실 때까지는 어떤 외부적 가르침, 심지어 그분 자신이 친히 하신 가르침이나 성경의 말씀조차도 우리에게 진실되고 충만한 은혜를 가져다 줄 수 없습니다.

그러나 오순절에 어떤 변화가 일어났는지 보십시오! "그 날에는 내가 너희 안에 있는 것을 너희가 알리라". 이는 도대체 무슨 말씀입니까? 우리가 집에 있듯이 그리스도께서 우리 안에 계신다는 말입니까?

주님의 말씀이 의미하는 바는 이것이 아닙니다. 우리는 집에 살지만 집을 떠나 어느 곳이든 갈 수 있습니다. 우리와 집은 생명 안에서 유기적으로 연결되어 있지 않기 때문입니다. 그러나 나는 주 예수님께서는 사도들의 일부분이 되시기 위해, 그들의 마음과 생각과 감정을 채우시기 위해 오셨음을 조심스럽게 말하고자 합니다. 만일 우리 안에 그리스도께서 거하신다면 우리는 베드로와 야곱과 요한이 주님과 함께하였을 때 누렸던 것보다 훨씬 더 많이 그분을 누릴 수 있을 것입니다.

그렇다면 그러한 변화가 어떻게 올 수 있었겠습니까? 그것은 바로 성령에 의해서입니다. "그 날에(성령께서 임재하셨을 때) 내가 너희 안에 있는 것을 너희가 알리라", "아버지께서 저를 사랑하실 것이요 우리가 저에게 와서 거처를 저와 함께하리라".

오! 우리의 마음이 이러한 것을 갈망하지 않습니까? 나는 베들레헴에서의 예수님과 갈보리에서의 예수님과 보좌에 계신 예수님에 대해 거듭 생각하였습니다. 나는 그분을 지극히 경배했고 사랑했으며 찬양했지만 항상 그보다 더 뛰어나고 더 깊으며 더 가까운 무언가를 원했습니다. 우리 안에 살아 계시는 예수님을 소유하는 것, 이것이 우리가 원하는 바가 아니겠습니까? 그것이 바로 성령께서 우리에게 주시려 하는 것입니다. 성령으로 충만케 될 이 은혜를 위해 자신을 포기하십시오. 그럴 때 은혜로운 예수님께서 우리를 소유하실 것입니다. 이것이 바로 우리가 갈망하는 바가 아닙니까? 전능하신 분께서 예수로서 십자가에서 돌아가시고 보좌에 앉으사 우리 생명이 되심으로 우리 안에 거하십니다.

이 목적을 위해 성령께서 오셨습니다. 예수께서는 "그가 내 영광을 나타내리니 내 것을 가지고 너희에게 알리겠음이니라"고 말씀하셨습니다. 그런데 예수님의 영광이란 무엇입니까? 그것은 그분의 사랑과 그분의 능력입니다. 성령께서는 우리 안에 그리스도를 계시하심으로 신성한 친밀함 안에서 우리로 그리스도의 위대한 사랑을 소유하게 하시고 실제로 얻게 하시며 그리스도의 능력이 우리 속을 다스리게 하십니다. 우리는 에베소서 3장에 있는 놀라운 기도, 즉 아버지께서 성령으로 말미암아 속 사람을 능력으로 강건하게 하옵시고 그리스도께서 그들의 마음 가운데 계시게 해달라고 구하는 기도를 기억합니다. 성령의 전지전능한 능력은 그 기도를 성취할 수 있습니다. 성령께서는 예수님으로 우리와 함께 계시도록 할 수 있습니다.

사도들에게 이루어진 두 번째 변화를 알 수 있기 위해 상기해야 할 사실은 예수께서 그들 밖에 계셨을 뿐만 아니라 항상 그들과 함께 계시지는 않으셨다는 것입니다. 그들은 매순간 예수님과 같이 있을 수 없었습니다. 한 번은 예수께서 바다 건너편으로 가도록 사도들을 보내신 후 기도하시기 위해 산에 머무셨음을 당신은 기억할 것입니다. 다른 때에 그분은 그들 중 세 명을 산으로 데리고 올라가셨고 나머지는 산 아래 머물게 하셨습니다. 거기서 그들은 바리새인들을 만났으며 악한 영들을 쫓아낼 수 없었습니다. 주님께서 사도들과 분리될 시간은 다가왔고 그분께서는 마침내 세상에서 그들로부터의 두려운 분리를 의미하는 끔찍한 죽음을 당하셨습니다. 그렇습니다. 그리스도께서는 그들의 생명이셨습니다. 그러나 그들은 어떤 때는 그리스도와 함께 있을 수 있었지만 어떤 때는 그분과 함께 있을 수 없었으며, 어떤 때는 그분 가까이 있을 수 있었고 어떤 때는 그분께서 자신을 에워싸 미는 무리와 함께 계실 수 있었지만 그들은 그분께 이를 수 없었습니다.

그러나 성령에 의한 예수님의 임재하심은 온전하고 지속적이며 영원합니다. 이는 우리의 마음이 갈망하는 바가 아닙니까? 때로 일 주일이나 한 달 동안 우리 마음이 온종일 노래하는 기쁨 속에 살 수 있게 되는 것은 무엇으로 인한 것입니까? 때로는 육체적인 질병이나 우울함으로, 때로는 인생의 염려와 곤란으로, 또 때로는 자신의 실패에 대한 자각 속에 살게 되는 이유가 무엇인지 아십니까? 예수께서는 우리를 사랑하십니다. 그분께서는 단 일 분이라도 우리와 떨어져 있기를 원치 않으십니다. 그분은 우리가 그분 자신과 분리됨을 견딜 수 없어하십니다. 우리는 예수님의 그 같은 사랑을 믿기를 원합니다. 그 품에 아이를 안고 있는 어머니라도 우리 안에 계신 하나님의 그리스도께서 우리를 안고 계실 때보다 더 기쁨을 느낄 수는 없습니다. 예수께서는 우리와 친밀해지길 원하시며 끊임없이 교통하시길 원하십니다. 이를 받아들여 말하십시오. "하나님, 나를 도우소서. 예수께서 항상 내 마음에 거하시도록 나는 성령으로 충만되어야 합니다."

사도들의 속 생명에 이루어진 변화를 다시 살펴봅시다. 오순절이 이르기까지 그들은 실패하고 약한 삶을 살았습니다. 나는 사도들의 교만에 대해 언급한 바 있습니다. 그리스도께서는 그들의 교만을 자주 꾸짖으셔야 했습니다. 우리는 사도들이 얼마나 예수님께 충성하길 갈망했는지 알고 있습니다. 그러나 그들의 교만과 자기 확신은 계속되는 실패의 원인이었습니다. 베드로는 예수님께 "주여, 나는 당신을 부인하지 않겠나이다."라고 말하였고 다른 사도들도 한결같이 그렇게 말했습니다. 그러나 몇 시간이 지나지 않아 그들은 주를 부인하였는데, 이는 교만과 자기 확신의 결과였습니다. 사도들은 자신들의 본성이 악함을 알지 못했습니다. 예수께서는 그들에게 겸손을 가르치시기 위해 모든 것을 하셨지만 계속 실패하셨습니다. 베드로는 "주여, 내가 주와 함께 옥에도, 죽는 데도 가기를 준비하였나이다."라고 말했지만 그는 한 비자의 말에 맹세하여 그 사람을 모른다고 말하기 시작했습니다. 얼마나 나약한 말인지!

그러나 오순절이 이르렀을 때 얼마나 큰 변화가 있었는지! 나는 그들이 죄에 대해 승리를 했다고 말하는 것이 아닌데, 그 이유는 그러한 변화가 직접적으로 싸워서 온 것이 아니었기 때문입니다. 그러나 성령, 즉 하나님의 영께서 그들의 생명이 되었을 때 그들은 죄로부터 자신들을 구원하시는 구원자이신 살아 계신 예수의 권능과 능력으로 충만케 되었습니다.

우리가 아는 바와 같이 예수님의 위대한 업적은 우리의 죄를 지고 가신 것입니다. 그렇다면 그분은 어떻게 우리의 죄를 지고 가셨습니까? 많은 그리스도인들은 예수님을 십자가에서 우리의 죄를 지고 가신 분으로 바라봅니다. 어떤이들은 한 발 뒤로 물러서서 말하기를, "그분은 하늘에서 죄를 사하신다. 그분은 나를 정결케 하시고 지켜주신다."라고 합니다. 그러나 진정한 죄를 지고 가심은 이것입니다. 빛이 들어오면 어둠은 쫓겨납니다. 우리를 거룩하게 하는 것은 성령에 의해 우리 안에 내주하시는 예수의 임재입니다. 사도들에게 얼마나 큰 변화가 일어났는지! 시간이 다소 지난 후 그들은 자신들을 죽음으로 위협하는 사람들 앞에서 얼마나 담대하게 "우리는 사람이 아니라 하나님을 순종해야 한다."라고 말할 수 있었는지를 주목해 보십시오. 그들은 감옥에 갇혀서도 한밤중에 찬양을 할 수 있었습니다. 오, 성령께서 그들의 생명에 얼마나 놀라운 변화를 가져왔는지!

이러한 것이 우리에게 가르쳐주는 바는 무엇입니까? 우리는 매우 곧잘 자아 생명과 성령의 생명에 대해 말합니다. 당신은 "주여, 제가 어찌하면 저의 자아 생명을 떨쳐버릴 수 있겠습니까?"라고 말해본 적이 있습니까? 하나님의 손이 당신의 마음속 깊은 곳을 만짐으로 "오, 하나님, 저의 실패는 자신을 확신하며 자아의 뜻을 갖고 자아를 기쁘게 하는 데 있습니다."라고 말하도록 이끄신 적이 있습니까? 저주받은 자아가 범사에 모든 실패의 원인이며 예수님의 임재의 능력 외에는 이를 쫓아낼 수 있는 능력이 없습니다.

당신은 어떻게 이러한 일이 행해지고 얼마나 많은 죄가 남아 있으며 얼마나 많은 자아가 쫓겨났는가에 대해서 신학적 정의를 내리려고 고심할지도 모릅니다. 그러나 당신이 믿어야만 할 중요한 사실은 비록 당신이 이 모든 것을 설명할 수는 없을지라도 당신에게 주어질 거룩의 영은 당신의 마음 안에 있는 예수님의 거룩이며 당신은 이로 충만되어야 한다는 것입니다. 당신이 성령으로 충만되었다면 당신은 자신 안에 성화의 복된 사역을 행하실 하나님의 거룩의 능력을 갖게 됩니다.

성령으로 충만된 결과 얻게 되는 축복들 중 세 번째는 믿는이들을 한 몸으로 연합시킨 사랑입니다. 나는 사도들의 논쟁에 대해서 언급한 바 있습니다. 그들 가운데는 이기심이 있었고 때로는 사랑이 부족하기도 했습니다. 성령께서 강림하셨을 때 예수님께서는 사도들을 한 몸으로 만드셨으며 그들은 자신들이 한 분 주 예수님의 지체들이 되었음을 느끼고 서로 사랑하게 된 결과로 당대에 누구도 들어보지도 못하였던 일들을 할 수 있었습니다. 그들은 이방인이었지만 자신들의 소유를 팔고 재산을 처분하였으며 모든 물건을 통용하였습니다. 이것은 성령께서 하늘에 계신 하나님의 그 사랑으로 그들 마음속에 거하시기 위해 강림하신 결과였습니다.

당신의 가장 큰 어려움은 동료 그리스도인괴의 관셰임을 발견했습니까? 동역해야 하는 사람들의 기질과 성격이 다름으로 인해 그들 가운데 마찰이 얼마나 쉽게 일어나는지 모릅니다. 많은이들이 어떤 신학적 진리나 그리스도께서 사역을 행하시는 실제적인 길에 대하여 서로 다른 입장을 취하여 서로를 대적하는 자세로 말하고 비방하는 글을 씀니다. 아! 슬프게도 이 땅 위의 하나님의 교회 안에 얼마나 심각한 분열이 있는지! 심지어 하나님을 사랑한다고 고백하고 거룩과 완전한 헌신을 고백한 사람들 가운데서조차 분열이 끊이지 않으니 도대체 어찌된 일입니까! 성실한 그리스도인들 가운데도 서로에 대해 거스려 말하는 이들이 얼마나 많이 있는지 모릅니다. 그들은 나의 잘못을 지적할 수 있고 나도 그들의 잘못이 어디에 있는지 알 수 있습니다. 그러나 "우리는 모든 차이를 초월하여 다른이들을 향하여 우리가 하나임을 표현해야 합니다. 우리는 우리 아버지의 임재 안에서 끊임없이 교통하기 원한다."라고 말할 수 있는 그리스도인들은 거의 없습니다.

당신은 하나님의 모든 자녀와 심지어 당신의 원 밖에 있는 모든 하나님의 자녀들을 향해 사랑으로 넘쳐흐르는 마음을 갖길 원하십니까? 당신은 다른이들을 불태울 수 있는 사랑의 마음을 원하십니까? 당신은 하늘의 사랑이 당신에게서 흘러나오기를 원하십니까?

당신은 자신이 견디고 인내할 수 있도록, 오래 참음과 부드러움과 온유와 하나님의 어린양이신 그리스도의 온유하심으로 기꺼이 사랑스럽거나 사랑할 만하지 않은 모든 사람의 돕는 이와 종이 될 수 있도록 예수님의 자기 희생의 사랑이 당신을 점유하게 하기를 원하십니까? 이를 위해서 당신은 성령으로 충만되어야 합니다.

성령으로 충만될 때까지 성령 충만을 부르짖고 성령 충만을 요구하고 받아들이며 쉬지 마십시오. 그 영은 하나님의 사랑의 영이요 예수님의 십자가에 못박히신 사랑의 영입니다. 우리가 성령을 받는다면 하나님의 사랑이 우리 마음속에 흘러 우리를 녹임으로 이전에는 결코 볼 수 없었던 하나를 만들어낼 것입니다.

성령 충만의 결과로 얻게 되는 축복들 중 더 생각해 볼 수 있는 한 가지는 그들의 사역에 관한 것입니다. 오순절이 얼마나 큰 변화를 일으켰는지 보십시오! 그것은 성령으로 충만됨에 대하여 언급할 수 있는 가장 중요한 일들 중 하나입니다. 많은 그리스도인 사역자들이 하나님께서 인도하시는 방식에 대해 감사하게 여기지만 여전히 그분께서 인도하시는 방식과 매우 다른 방식으로 인도받기를 원하고 있음을 스스로 느낍니다. 그들이 하나님께서 자신들을 그분의 도구들 중 하나로 사용하고 계시다고 항상 생각하는 것은 아닙니다. 그러나 그러한 생각은 하나님께서 모든 사역자가 갖기를 원하시는 것입니다. 얼마나 많은 주일학교 교사들과 성경 학교 인도자들이 "나는 연약하고 무디며 무지하지만 내 하나님께서 나를 사용하고 계심을 안다. 왜냐하면 나는 자신을 그분의 손에 맡기었고 그분을 위하여 어떻게 되더라도 상관없기 때문이다. 내 사역은 연약하고 때로 이를 인해 부끄러움을 느끼기도 하지만 나는 하나님을 위한 도구로 사용될 수 있도록 하나님 손에 자신을 맡겼기 때문에 개의치 않는다."라고 생각하고 있습니까?

당신은 절대적인 겸손과 의존과 무(無)의 영 안에서, 그리고 하나님께서 당신을 사용하시리라는 어린아이 같은 믿음으로 사역하는 것이말로 형용할 수 없는 기쁨이라고 느낍니까? 어떻게 하면 그러한 상태에 도달할 수 있습니까? 사도들을 보십시오. 주 예수님께서는 사도들을 보내어 세 가지 일, 즉 복음을 전하고 병자를 치료하며 귀신을 쫓는 일을 하게 하셨습니다. 그들이 돌아왔을 때 그들은 마지막 두 가지, 즉 병자를 고치고 귀신을 쫓아낸 일에 대해 말했지만 회심에 대해서 말하지는 않았습니다. 나는 그들의 복음 전파가 실제로 많은 이들을 도왔다고 생각지 않습니다. 복음은 전파되어야 했지만 그리 많은 결과를 산출하지는 못했습니다.

그러나 오순절이 이르렀을 때 그들의 복음 전파가 어떠했는지 보십시오. 베드로뿐만 아니라 모든 사도들이 하나님의 전지전능한 역사를 선포하였습니다. 어떠한 축복이 임했는지! 이 축복은 계속해서 쏟아부어졌습니다. 그들은 얼마나 담대하고 위풍당당하였는지 모릅니다! 그들이 어떻게 끊임없이 사마리아로, 가이사랴로, 안디옥으로 가서 그곳에서 하나님을 섬겼는지 보십시오. 어떻게 몇 년이 채 되지 않은 짧은 시기에 복음이 유럽으로 전파될 수 있었는지! 이를 이룬 것은 성령의 능력이었습니다. 우리는 우리의 사역을 위한 능력과 우리 앞에 놓인 사역의 넓은 들판을 볼 수 있는 영적인 빛과 지혜를 원합니다.

나는 하나님께서 이방 땅과 해외에 사역을 깨워주심을 인해 감사드리지만 복음이 우리 주변에 전파되는 것이 소홀히되고 있는 것은 아닐까 두렵습니다. 우리의 집이나 교회 주위에 사는 다수의 사람들이 아직 회심하지 않은 것은 아닌지 살펴보십시오. 우리를 이 복음 사역에 적합하도록 만드는 신성한 지혜와 능력이 필요하지는 않습니까? 신성한 빛과 영감이 필요한 것은 아닙니까? 기도하고 기다리며 사역할 새로운 사랑과 담대함을 지닌 능력이 필요하지 않습니까? 극동이나 아프리카나 다른 지역에 있는 사람들이 복음을 들을 뿐 아니라 우리가 매일 접하고 있는 사람들에게도 복음이 전파되어야 함을 보아야 하지 않겠습니까?

이를 위해 우리에게 필요한 한 가지가 있습니다. 성령께서 오순절과 그 이후에 일어난 그 모든 일을 성취하셨습니다. 담대함을 준 것도 성령이요 지혜를 준 것도 성령이요 메시지를 준 것도 성령이며 회심하게 하는 능력을 준 것도 성령이었습니다.

이제 능력의 필요를 느끼는 사람들에게 온 마음을 다해 "그것이 바로 내가 원하는 것이다."라고 말할 준비가 되어 있는지 묻겠습니다. 예수님께서는 우리 자신의 책임에 대해 자신의 힘으로 충돌하라고 보내지 않으셨습니다. 그분께서는 우리에게 자신의 힘을 사용하여 가서 전파하고 가르치라고 명하지도 않으셨습니다. 예수님께서는 우리가 성령의 충만을 소유하기를 원하십니다. 내가 담당한 주일 학교나 성경 공부반이 얼마나 작은 규모이든 혹은 내게 얼마나 큰 사역이 맡겨졌든 나에게 필요한 한 가지는 성령의 능력이요 성령으로 충만되는 것입니다.

당신은 우리 예수님으로부터 성령을 받을 준비가 되어 있습니까? 그분은 우리에게 성령을 주시기를 원하십니다. 하나님의 아들이 존귀케 되는 것보다 그분을 더 기쁘시게 하는 것은 없습니다. 영혼이 성령으로 충만될 때 예수님께서 존귀케 되는데, 그 이유는 그때 그분께서 그들을 위해 무언가를 하실 수 있음이 증명되기 때문입니다.

성령 충만을 위해 당신이 단계별로 네 마디의 짧은 말을 할 수 있길 바랍니다. 무엇보다 먼저 '나는 충만케 되어야 한다'라고 당신 마음속 깊은 곳에서 하나님께 말씀드리십시오. 하나님께서는 당신이 "나는 성령으로 충만되지 않고서는 생활할 수 없다."고 말하도록 명령하십니다.

그런 다음 두 번째 단계에서는 '나는 충만될 수 있다'고 말하십시오. 당신이 한 말은 성취가 가능한 것입니다. 그 약속은 나를 위해 있는 것입니다. 그 약속을 믿음으로 모든 의심이 사라지게 하십시오. 한 때 교만과 자아 생명으로 충만했던 사도들은 예수님과의 연합으로 말미암아 성령으로 충만케 되었습니다. 만일 당신이 예수님께만 붙들린다면 성령으로 충만될 수 있을 것입니다.

세 번째 단계에서 당신이 해야 할 일은 '나는 충만케 되겠다'라고 말하는 것입니다. 지극히 값진 진주를 얻기 위해서 당신은 모든 것을 팔고 포기해야만 합니다. 기꺼이 다음과 같이 말할 수 있겠습니까? "주여, 사는 것 외에는 충만케 될 방법이 없다면 오늘밤 그 진주를 당신에게서 사겠나이다."

마지막 단계에서 당신이 할 말은 '나는 반드시 충만케 된다'입니다. "하나님께서는 성령 충만을 주시길 갈망하신다. 그러므로 나는 반드시 충만케 된다". 성령 충만이 홍수처럼 즉각적으로 임하든 깊은 침묵에서 임하든 오늘 임하든 임하지 않든 개의치 말고 다만 '나는 반드시 충만케 된다'고 말하십시오. 우리가 주님께 자신을 의탁한다면 그분께서는 우리를 실망시키지 않으실 것입니다. 우리 영혼에 성령을 충만한 정도로 주시는 것은 그분의 본성이며 하늘에 계시는 그분의 사역이며 그분의 기쁨입니다. 그러므로 즉시 '나는 반드시 충만케 된다'고 선포하십시오. 우리의 하나님께서는 신성하시고 엄위하시며 매우 은혜롭고 진실된 분이십니다. 두렵고 떨리는 마음으로 '나는 반드시 성령으로 충만케 된다'라고 말하십시오. 하나님께 "나는 내 구원자의 이름이 모든 죄에서 구원하시고 성령으로 채우시는 예수임을 인하여 반드시 충만케 됩니다. 그분의 이름에 영광을 돌립니다!"라고 말하십시오.

3/ 육신적인 것과 영적인 것

"형제들아 내가 신령한 자들을 대함과 같이 너희에게 말할 수 없어서 육신에 속한 자 곧 그리스도 안에서 어린아이들을 대함과 같이 하노라"(고전 3:1-4).

사도는 고린도 전서 3장 서두에서 고린도인들에게 그리스도인의 체험에 두 단계가 있음을 말합니다. 어떤 그리스도인들은 육신적이며 어떤 그리스도인들은 영적입니다. 하나님의 영께서 사도에게 준 분별력으로 그는 고린도인들이 육신적임을 보았고 그들에게 그렇게 말하기를 원했습니다. 당신은 이 네 구절에서 '육신적인'이라는 말이 네 번이나 언급되고 있음을 볼 것입니다.

사도는 영적이지 않은 이들에게 영적인 것에 대하여 말하는 것이

유익하지 않다고 느꼈습니다. 그들은 참 그리스도인들이긴 하지만 그리스도 안에서 어린아이들이었습니다. 그들에게는 육신적이라는 치명적인 결점이 있었습니다. 이러한 이유로 인해 사도는 "나는 너희에게 영적 생명에 대하여 영적인 진리를 말할 수 없다. 너희는 그 말을 받을 수 없다."고 말하는 듯합니다. 그러나 그들이 영적인 진리를 받을 수 없는 것은 그들이 어리석기 때문이 아니었습니다. 그들은 아주 총명하였고 아는 것도 많았으나 영적 가르침을 이해할 수 없었습니다. 그것은 때로 축복을 얻었다가 다시 그 축복을 잃은 그리스도인 가운데 그리스도의 교회 안에 있는 모든 문제는 단지 그들의 육신적임으로 기인한다는 것과, 그 축복을 지키기 위해 필요한 모든 것은 우리가 영적인 사람이 되는 것임을 우리에게 가르쳐줍니다. 우리는 육신적인 삶이든 영적인 삶이든 자신들이 취하고 싶은 그리스도인의 삶의 형태를 선택해야 합니다. 영적인 삶을 선택하십시오. 그러면 하나님께서는 우리에게 영을 주신 것을 기뻐하실 것입니다.

이 가르침을 이해하려면 육신적인 상태가 무엇인지를 철저히 알려고 노력함으로써 시작해야만 합니다. 나는 육신적인 상태의 가장 두드러진 네 가지 특징을 지적하고자 합니다.

첫째, 육신적인 상태는 유년기가 연장된 상태입니다. 회심한 이후로 많은 시간이 흘렀으므로 지금은 마땅히 장성한 사람이 되어야 하나 당신은 여전히 그리스도 안의 어린아이로 남아 있습니다. "내가 너희를 젖으로 먹이고 밥으로 아니하였노니 이는 너희가 감당치 못하였거니와 지금도 못하리라". 우리는 어린아이가 무엇인지 유아기가 얼마나 아름다운 것인지도 압니다. 육 개월 된 아이의 볼그레한 볼, 미소짓는 얼굴, 작은 손가락의 움직임보다 더 매력적인 것은 없습니다. 얼마나 아름다운지! 그러나 그 아이가 여섯 달이 지난 후에도 더 이상 크지 않는다고 상상해 보십시오. "우리는 우리 아이에게 어떤 문제가 있을까 두렵습니다. 아이가 자라질 않습니다. 아이가 자랄 수 없는 끔찍한 병에 걸렸습니다." 삼 년이 지나도 아이가 자라지 않는다면 부모의 마음은 슬플 것입니다.

당신은 어린아이의 시기에 어린아이다운 것은 매우 아름다운 것이나 유년기가 너무 오래 지속된다면 그것은 짐이고 슬픔이며 병의 증상임을 느낄 것입니다. 이것이 바로 많은 고린도 그리스도인들의 상태였습니다.

어린아이의 특징은 어디에 있습니까? 어린아이는 자신도 도울 수 없고 남도 도울 수 없다는 두 가지 특징을 지니고 있습니다.

어린아이는 자신을 스스로 도울 수 없습니다. 많은 그리스도인들의 삶이 이러한 아이의 특징을 지니고 있습니다. 그들은 자신들을 돕는 사역자들을 영적 간호원들로 만듭니다. 사역자들이 영적으로 어린 아이들을 늘 돌보아주고 먹여주기 때문에 자신들을 스스로 돌볼 수 없다면 이는 심각한 문제입니다. 그들은 그리스도의 말씀을 어떻게 먹는지 모르므로 그들을 돕는 사역자가 먹여주어야만 합니다. 그들은 하나님과 어떻게 접촉하는지도 모르므로 사역자가 그들을 위해 기도해주어야만 합니다. 그들은 사역자가 아닌 하나님으로 하여금 그들을 도우시도록 하는 삶이 무엇인지도 모릅니다. 그들은 항상 누군가에게 양육받기를 원합니다. 어린아이는 늘 누군가를 옆에 두고 살려 하고 우리는 어린아이를 혼자 둘 수 없다고 생각합니다. 그러므로 여전히 도움을 원하는 영적 유아가 많은 것입니다. 무조건 받아주는 대신 그들을 훈련시켜 자신들의 하나님이 어떠한 분이신지 알고 강건해지게 하십시오! 그들은 스스로를 도울 수 없기에 남을 도울 수도 없습니다. 이것은 우리가 히브리서에서 이미 읽었던 바입니다. 내가 이미 언급한 바와 똑같은 상황이 그 서신에 기록되어 있습니다. 회심한 지 매우 오래되어 이제는 가르치는 자들이 되어야 할 사람들이 그 도의 초보를 다시 배워야 할 필요에 놓여져 있었던 것입니다.

무엇이 육신적인 것인지 무엇이 죄인지 모르는 삼 개월 된 영적 어린아이가 아직 승리에 이르지 못한 것은 바울이 말했듯이 놀랄 만한 일이 아닙니다. 그러나 해가 거듭되어도 죄에게 지배받는 상태가 지속된다면 이는 틀림없이 잘못된 것입니다. 그것은 질병입니다. 만일 우리가 "나는 영적이지 못합니다."라고 계속해서 말해야 한다면 반드시 이렇게 말합시다. "오 하나님, 저는 육신적입니다. 저는 병든 상태에 있습니다. 그러니 병든 상태에서 벗어나도록 도와주시옵소서."

육신적인 상태의 두 번째 특징은 죄와 실패가 그들을 다스린다는 것입니다. 죄의 세력이 그들보다 우세합니다. 바울은 그러한 사람들이 육신적이라는 사실을 어떻게 증명했습니까? 그는 "너희 가운데 시기와 분쟁과 분열이 있는가? 그렇다면 너희는 육신에 속한 것이 아닌가?"라고 묻습니다. 그런 다음 그는 다시 "나는 바울에게, 나는 아볼로에게, 나는 게바에게 속한 자라 하는 것이니 너희가 육신에 속하지 아니하였느냐?"고 묻습니다. 당신은 육신에 속한 다른이들처럼 행동할 뿐 성령의 능력과 사랑 안에서 사는 하늘에 속하고 새롭게 된 이들처럼 행동하지 않습니다. 당신은 우리를 사랑하시는 하나님께서 빛 가운데 거하심과 그 사랑이 위대한 계명임과 그리스도의 십자가가 하나님의 사랑의 증거이며 성령의 첫 열매가 사랑임도 압니다. 요한복음은 바로 사랑을 의미합니다. 사람들이 자신의 기질과 교만과 시기와 분열에 굴복하는 것, 사람들이 다른이들에 대해 좋지 않은 말을 하는 것, 자신을 잘못 대한 형제에게 마음을 열지 못하고 그를 용서하지 못하는 것, 이웃에 대해 경멸조로 말하는 것, 이 모두가 육체의 결실입니다. 사람들에게서 모든 미움을 일으키는 것은 육체입니다. '육신적인(carnal)'이라는 말은 '육체'라는 말의 라틴어형이며 모든 미움은 육체의 산물이거나 결실에 불과할 뿐입니다. 육체는 이기적이고 교만하며 미움으로 가득합니다. 그러므로 사랑할 수 없는 모든 죄는 단지 그 사람이 육신적임을 증명할 뿐입니다.

당신은 "나도 죄를 정복하려 애쓰지만 할 수가 없습니다."라고 말합니다. '할 수 없다'는 것이 내가 당신에게 인상지어주고 싶은 것입니다. 그러므로 육신적인 상태에 있는 동안에는 영적 결실을 맺으려 노력하지 마십시오. 사랑하기 위해서는 성령이 있어야 하고 그런 다음에라야 육체가 정복될 수 있을 것입니다. 그분께서는 당신이 사랑 안에서 행할 수 있도록 성령을 주실 것입니다.

사랑하지 못하는 죄들만이 아니라 그 외에도 수많은 죄들이 있습니다. 교회를 황폐화시키는 세상적인 것을 취하고 돈을 사랑하며 사업을 추구하고 부의 증대를 위해 사람들을 희생시키고 사치와 쾌락과 지위를 추구하는 이 모든 것이 육이 아니고 무엇이란 말입니까? 이 모든 것들은 육체를 만족시키며 정확히 세상이 바라고 기뻐하는 것입니다. 만일 당신이 세상처럼 산다면 그것은 육체 안에 있는 세상의 영이 당신 안에 있다는 증거입니다. 육신적인 상태는 죄의 능력으로 증명됩니다.

최근에 어떤 사람이 나에게 하나님과의 사랑스러운 교통의 비결이 무엇인지 물었습니다. 나는 "형제여, 당신이 하나님과의 교통은 육신적인 상태 밖에서 온다는 것을 스스로 깨달을 때까지는 어떤 방식으로도 얻을 수 없습니다."라고 답했습니다. 육체는 하나님을 기쁘시게 할 수 없습니다. 그것이 당신의 어려움입니다. "좀더 기도하겠다."라고 자신의 결심을 말하거나 글로 써서 마음을 다잡는 것으로 해결할 수 있는 것이 아닙니다. 그렇게 억지로 결심하여 하나님과의 교통을 얻을 수 있는 것이 아닙니다. 그 대신 도끼로 나무 뿌리를 찍어 나무를 절단하듯 육신적인 마음을 절단해 버리십시오. 어떻게 그것을 잘라 버릴 수 있겠습니까? 당신은 할 수 없습니다. 하나님의 성령으로 하여금 죄에 대한 정죄와 그리스도의 십자가를 가지고 오시게 하여 육체를 죽음에 넘기우십시오. 그러면 하나님의 영께서 임재하실 것입니다. 그때 당신은 기도하기를 좋아하고 하나님을 사랑하며 이웃을 사랑하기를 배울 것이며 겸손과 영적인 마음과 하늘에 속한 마음을 갖게 될 것입니다. 육신적인 상태는 모든 죄의 뿌리입니다.

만일 우리가 육신적인 상태를 철저히 알고자 한다면 육신적인 상태가 위대한 영적인 은사와 공존할 수 있다는 것을 알아차려야만 합니다. 영적인 은사와 영적인 은혜 사이에는 큰 차이가 있는데, 이 사실은 많은 사람들이 이해하지 못하는 것임을 기억하십시오. 예를 들어 고린도인들 가운데에는 경이로운 영적 은사가 있었습니다. 고린도 전서 1장에서 바울은 "너희가 그의 안에서 모든 일 곧 모든 구변과 모든 지식에 풍족하므로"라고 말합니다. 이로 인해 하나님을 찬양합니다. 그러나 그는 고린도 후서에서 "너희가 다른 은사를 받지 아니하고 오직 자유케 하는 은사를 받은 줄 알라"고 강하게 말합니다. 고린도 전서 12장에서 그는 예언의 재능과 은사와 산을 움직일 수 있는 믿음과 지식의 은사에 대해서 말합니다. 이 은사들은 고린도인들이 열렬히 추구하고 있었던 것들입니다. 바울은 그들에게 사랑이 없다면 이런 것들은 아무 유익이 없다고 말합니다. 그들은 은사만을 구했을 뿐 은혜를 원하지 않았습니다. 그러나 바울은 그들에게 제일 좋은 길이 사랑하고 겸손하기를 배우는 것임을 보여줍니다. 사랑은 모든 것 중 제일입니다. 왜냐하면 사랑은 만유 위에 계시는 하나님과 같기 때문입니다.

어떤이에게는 예언하는 은사가 있을 수 있고 어떤이는 가난하고 궁

핍한 이들을 돕는 분야에서 신실하고 성공적인 일꾼일 수 있으나, 그들의 영적 은사들은 놀라운 반면, 그 안에 들어오는 교만과 예리한 판단과 같은 것들에 의해 영적 은혜는 매우 결여될 수 있다는 것을 기억하십시오. 이것은 엄숙한 일입니다. 사단은 "그러나 나는 하나님을 위해 일하고 하나님께서는 내게 은혜를 주시며 다른 사람들은 나를 존경한다. 나는 다른 이들을 돕는 데 하나님께서 사용하시는 도구이다."라는 생각으로 당신을 속인다는 것을 염두에 두십시오. 사랑하는 이들이여, 육신적인 사람도 영적 은사를 가질 수 있다는 것은 두말할 나위 없는 엄연한 사실입니다. 가장 열렬하고 성공적으로 보이는 사람조차도 하나님 앞에 나아가 "내 안에 역사하시는 하나님께서 겸손과 사랑과 정결함과 거룩함이 결여된 나의 은사로 인해 모든 것이 결국 육체에게 기회를 주는 것이 아닌가?"라는 태도로 그분 앞에 무릎을 꿇어야 합니다. 하나님께서 우리를 살피사 점검해주시기를 원합니다.

한 가지 더 지적할 것은 육신적인 상태는 사람으로 하여금 영적인 진리를 받아들이지 못하게 한다는 것입니다. 말씀에 갈급한 수백 명의 그리스도인들이 설교나 강연을 들으며 "얼마나 훌륭한 진리인가, 얼마나 분명한 교리인가, 얼마나 뛰어난 하나님 말씀의 해석인가!"하며 감탄하지만 그들은 전혀 도움을 받지 못하거나 혹은 이삼 주 도움받을지라도 금새 그 축복은 사라지게 됩니다. 그 원인은 어디에 있습니까? 그것은 육신적인 상태의 밑바닥에 악한 자가 존재하고 있어서 영적인 진리가 들어오는 것을 방해하기 때문입니다.

교회에서 우리가 자주 큰 실수를 저지르지나 않을까 두렵습니다. 우리가 육신적인 그리스도인들에게 영적인 사람들이 되기 위해서 무엇이 필요한지를 설교하면 그들은 그것을 매우 뛰어난 것으로 여기면서 머리로 받아들이고 기뻐하며 "놀랍구나. 인간이 이렇게 놀라운 관점에서 진리를 말하다니!"라고 말합니다. 그러나 그들의 생명은 바뀌지 않은 채 그대로 남아 있습니다. 그들은 모든 영적인 가르침을 받았으나 그들의 상태는 여전히 육신적입니다. 만일 우리가 늘 하나님께 구해야 하는 한 가지가 있다면 바로 이것입니다. "주여, 육신적인 생각에 떨어지게 하는 영적인 가르침을 받아들이는 데서 나를 구원하소서!" 당신이 축복을 얻었음을 나타내는 유일한 증거는 육신적인 데에서 나와서 영적인 상태로 들어가는 것입니다.

이제 여기에서 매우 중요하고도 엄숙한 질문을 한 가지 하겠습니다. 사람이 육신적인 것에서 벗어나 영적인 상태로 들어가는 것이 과연 가능하겠습니까? 가능하다면 어떻게 가능할 수 있습니까? 내가 생각하기에 가장 필요한 것은 영적 생명에 대한 다소의 식견과 그에 대한 믿음을 갖는 것입니다. 우리의 마음은 우리도 모르는 사이에 불신으로 가득하여 우리가 영적인 사람이 될 수 있다는 것을 해결된 문제로 받아들이지 않습니다. 우리는 그 사실을 믿지 않습니다.

나는 그리스도에 대한 체험이 많은 한 사람에게 내가 영국으로 건너가는 것에 대해서 이야기하고 있었습니다. 그때 그는 한 전도 유망하고 재능이 많은 젊은이와 함께 있었습니다. 나의 친구는 그 젊은이가 매우 훌륭한 은사들을 많이 갖고 있음에도 불구하고 왜 더 많은 은혜를 얻지 못하는지를 이해할 수 없다고 했습니다. 우리 두 사람은 온종일 무엇이 이 젊은이로 하여금 더 많은 은혜를 얻지 못하게 방해하고 있는지를 알아내려 애썼습니다. 그리고, 그 문제의 근원은 불신이라는 것이 점차적으로 밝혀졌습니다. 그는 자신이 헌신된 생활을 살아내는 것이 가능한 일이라고 생각하지 않았으며 하나님께서는 은혜를 주실 준비가 되어 있다고 확신하지 않았습니다. 그러나 그날 내내 우리가 그에 대해 말하고 기도하였을 때, 그 젊은이는 절대적인 순종 안에서 생명의 능력을 위하여 하나님을 신뢰하는 것이 무엇인지를 보았고 하나님으로부터 은혜를 받았습니다. 그리하여, 이전보다 그는 자신의 사역에 열 배나 더 많은 은혜를 얻게 되었습니다. 당신이 준비되어 있고, 원한다면 하나님께서 당신을 영적인 사람으로 만들어 주시는 일은 가능한 것임을 믿으십시오.

성경은 육체와 영이라는 두 생명의 능력에 대해서 말합니다. 육체는 죄의 능력 아래 있는 생명이고 영은 우리의 생명을 대신하여 들어오신 하나님의 생명입니다. 우리가 필요로 하는 것, 성경이 우리에게 말씀하시는 것은 능력이나 힘에 대해 가지고 있는 모든 생각과 함께 우리 온 생명을 죽음에 넘겨 무효화시킴으로 우리를 위해 모든 것을 하시는 그리스도와 영의 생명을 받아들이는 것입니다. 그렇게 될 수 있다는 것을 굳게 믿으십시오.

당신은 "그러한 것은 너무 높고 거룩하고 영광스러워서 내가 그것에 이를 수 있다고 생각하지 않는다."라고 말합니다. 물론 당신은 할 수 없습니다. 그러나 하나님께서 당신에게 그것을 보내주실 것입니다. 당신이 그곳에 이른다는 것은 매우 위험한 일입니다. 당신은 그곳에 이를 수 없지만 당신이 하나님께서 그분의 끝없는 사랑을 따라 초자연적인 방법으로 하늘로부터 성령의 능력을 주시고 싶어하심을 믿는다면 그분은 당신이 요구한 것보다 더 많이 주실 것입니다.

내가 믿는 바는 사람이 날마다 성령에 이끌려 사는 것이 가능하다는 것입니다. 나는 하나님께서 성령으로 그분의 사랑을 마음속에 부으신다는 것과 성령에 이끌린 많은 사람들이 하나님의 자녀라는 것과 거듭난 사람은 성령에 의해 혹은 성령 안에서 행한다는 것을 하나님의 말씀에서 읽은 바 있습니다. 그렇다면 그것은 가능한 것입니다. 그것은 하나님께서 우리에게 살도록 요구하신 삶이요 이를 위하여 그리스도께서 우리를 죄에서 구원하셨기 때문입니다.

그리스도께서는 피를 흘리신 직후 하늘로 오르셔서 그분의 백성들에게 그 영을 보내셨습니다. 영광을 받으시자마자 그분께서 가장 먼저 하신 일은 성령을 주시는 것이었습니다. 당신이 자신을 정결케 하시는 그리스도의 피의 능력과 당신의 마음에 그분의 영을 주시는 영광받으신 그리스도의 능력을 믿기 시작한다면 당신은 바른 방향으로 첫 발을 내디딘 것입니다.

당신이 아주 고고한 상태에 있다고 느낄지라도 예수님을 굳게 붙드십시오. 그분께서 성령으로 당신을 채워주실 것입니다. 왜냐하면 바로 그분께서 영으로 충만하라고 당신에게 명하셨기 때문입니다.

그러나 두번째로, 사람이 그가 살아야만 하는 영적 생활에 대한 이상을 갖는 것만으로는 충분하지 않습니다. 사람은 자신의 육신적임에 진실로 죄된 느낌을 가질 필요가 있습니다. 이것은 어렵고 엄숙하지만 필요한 교훈입니다. 이방인의 죄와 믿는이의 죄 사이에는 큰 차이가 있습니다. 당신이 이방인이라면 죄를 깨달아서 그것을 자백해야 합니다. 이런 경우 당신이 주로 정죄받는 것은 어떠한 것입니까? 당신은 매우 심한 죄를 짓고 많은 죄책감을 느끼고 스스로 자신을 정죄하기도 하지만 내적이고 영적인 죄에 대해서는 거의 그렇게 하지 못합니다. 당신이 내적이고 영적인 죄가 무엇인지 모르기 때문에 내적인 죄에 대한 정죄는 거의 이루어지지 않습니다. 그렇다면 사람이 어떻게 이 두 가지, 즉 더 많이 숨겨진 죄와 깊은 내적인 죄를 제거할 수 있겠습니까? 그것은 다음과 같은 방식을 통해서입니다. 그리스도인이 된 후 성령께서는 그에게 육신적이고 세속적인 삶에 대해 죄책감을 느끼게 하십니다. 성령의 책망하심을 받은 그는 그에 대해 애통해하고 수치스러워하며 바울과 같이 "오호라 나는 곤고한 사람이로다. 누가 나를 이 사망의 몸에서 건져내랴"고 부르짖습니다. 그는 도움을 구하러 방황하며 "내가 어디서 구원을 얻게 되는가?"라고 묻기 시작합니다. 그는 사방으로 찾아다니지만 예수님의 발 아래 자신을 철저히 내던질 때까지는 그 어떤 답도 얻지 못합니다. 당신이 영적인 사람이 되고자 한다면, 성령으로 충만하길 원한다면, 그것은 하늘에 계시는 하나님으로부터 와야 함을 잊지 마십시오. 하나님께서만 그렇게 하실 수 있으십니다.

영원을 채우시고 우주를 채우시는 거룩하신 분의 임재가 우리에게 계시된다면 우리의 삶과 기도와 전파가 얼마나 달라질 것인지! 하나님께서는 우리를 완전히 부서지는 지경으로까지 몰고 가십니다. 어떤이가 내게 "죽어야 한다는 것은 두려운 일이다."라고 말한 적이 있습니다. 그렇습니다. 당신이 스스로의 힘으로 죽어야 한다면 그것은 두려운 일입니다. 그러나 만일 하나님께서 예수님을 죽게 하셨다는 것과 그분께서 당신을 예수님 안에 심기를 원하신다는 것을 이해하기만 한다면 당신은 육체의 저주받은 능력으로부터 해방될 것입니다. 철저히 부서지고 철저히 절망하는 것이 당신이 하나님을 신뢰하는 것을 배우는 길임을 믿으십시오. 바울은 "나는 자신 안에서 죽음의 선고를 받았다. 그러므로 나는 자신을 믿지 않고 죽은 자를 살리신 하나님을 믿는다."라고 말했습니다. 자신의 육신적임에 대한 죄의식 아래 당신이 서야 할 자리는 다음과 같은 고백입니다. "육체가 저를 지배하고 제 안에서 승리를 거둡니다. 저는 그것을 정복할 수 없습니다. 나의 하나님! 세세 사비를 베푸소서. 하나님, 저를 도와주소서." 하나님께서는 하실 것입니다. 죄의식과 죄에 대한 자백으로 하나님 앞에 기꺼이 무릎 꿇으십시오.

세번째는 우리가 한 순간에 육신적인 상태에서 나와 영적인 상태로 들어갈 수 있다고 믿는 것입니다. 사람들은 육에서 벗어나 영적이 되고 싶어합니다. 그러나 그들이 그렇게 되는 것은 어려운 일입니다. 그들은 육에서 벗어나 영적으로 되기 위해 더 많이 전도하고 가르치려고 합니다. 내가 앞에서 언급한 바 있는 더 이상 성장하지 않고 여섯 달 난 아이로 남아 있던 아이는 병에 걸렸고 치료받는 것이 필요했습니다. 그 아이는 치료를 받은 다음에야 성장하게 될 것입니다. 육신적인 상태는 그 아이와 같이 무서운 병에 걸린 상태입니다. 육신적인 그리스도인은 그리스도 안에서는 어린아이입니다. 바울이 말하기를 육신적인 그리스도인도 하나님의 자녀이긴 하지만 심각한 병에 걸려서 결국엔 자랄 수 없다고 했습니다. 어떻게 치료할 수 있겠습니까?

육신적인 그리스도인에 대한 치료는 하나님을 통해서 와야 합니다. 하나님께서는 바로 이 시간 당신을 치료하시기를 갈망하십니다.

영적인 사람이 되었다고 해서 즉시 영적으로 성숙한 사람이 되는 것은 아닙니다. 20년 동안이나 성령으로 충만케 된 성숙한 그리스도인에게서 기대할 수 있는 것을 성령을 소유한 갓 거듭난 그리스도인에게서 동일하게 기대할 수 있는 것은 아닙니다. 영적인 생명 안에는 상당한 성장과 성숙이 있습니다. 물론 당신은 자신의 위치를 바꿀 수 있고 육신적인 생명 안에 서 있는 대신 일순간에 영적인 생명 안으로 들어갈 수 있습니다. 그러나 이것은 한 단계에 불과함을 기억하십시오.

'영적인 사람'과 '영적으로 성숙한 사람'이라는 두 표현이 사용되는 이유를 주목하시기 바랍니다. 육신적인 사람 안에도 영적인 본성에 속한 무언가가 있습니다. 그러나 당신은 육체가 가장 두드러진 요소로 불리우는 것을 압니다. 어떤 것에는 두세 가지 특징이 있을지 모르지만 그 사물은 그 중 가장 독특한 특징으로 이름지어집니다. 또 어떤 것이 여러 특성을 갖고 있을지라도 그 사물의 이름은 가장 인상적인 특성에 따라 주어집니다. 그러므로 바울은 고린도인들에게 "그리스도 안에서 어린아이인 너희들은 육신적이다. 너희들은 육체의 권세 아래서 기질과 미움에 무릎을 꿇고 너희의 모든 은사로 영적 진리를 받을 수도, 생명이 자랄 수도 없다."라고 말합니다.

영적인 사람이란 최종의 완벽에 다다른 사람을 말하는 것은 아닙니다. 그에게는 성장의 여지가 충분히 있습니다. 그러나 당신이 그를 볼 때 그의 본성과 행동의 주된 특징은 그가 하나님의 영에 자신을 맡긴 사람이라는 데 있습니다. 그는 완벽하지는 않지만 바른 위치에 있는 사람입니다. 그는 "주 하나님, 저는 당신의 영께서 이끄시도록 자신을 드렸습니다. 당신께서는 저를 받으시고 축복하셨으며 지금 성령으로 저를 인도하십니다."라고 말합니다.

우리가 한 편을 떠나 다른 편에 위치할 수 있도록 하나님께서 우리를 도우신다는 생각을 붙듭시다. 복음주의적인 예배에서 종종 인용되는 예화, 목사가 선을 그려서 어떤 나이든 환자를 회심시킨 이야기를 들은 적이 있는지 모르겠습니다. 목사는 그를 꾸준히 심방하여 그에게 그리스도의 보혈에 대해서 이야기해 주었습니다. 그는 "오, 저는 그리스도의 피와 용서에 대해서 압니다. 그 피가 우리를 구원했습니다. 만일 하나님께서 우리를 용서하지 않으신다면 우리가 천국에 갈 수 없다는 것도 압니다."라고 반응했습니다. 그러나 목사는 그 환자에게 어떠한 죄의식도 없는 것을 보았습니다. 목사가 무엇을 말하든 그는 그저 "예"라고 했습니다. 그 말 속에는 생명이 없었고 죄에 대한 깨달음도 없었습니다. 목사는 어느 날 절망에 빠져 기도했습니다. "오 하나님, 이 사람이 자신의 상태를 볼 수 있도록 도와주게 하시옵소서." 즉시 그에게 묘책이 하나 떠올랐습니다. 그는 그 환자의 방바닥에 모래를 뿌리고 나서 나무막대기로 모래 위에 선을 긋고서는 한쪽에는 죄, 죽음, 지옥, 다른 한쪽에는 그리스도, 생명, 천국이라는 단어를 썼습니다. 그 환자는 "목사님, 지금 무엇을 하고 계십니까?"하고 물었습니다. 목사는 "들어보십시오. 왼쪽 편에 있는 낱말 중 하나가 일어나서 선을 넘어 오른쪽으로 갈 수 있다고 생각하십니까?"라고 물었습니다. 그는 "물론 그럴 수 없습니다."라고 대답했습니다. 그런 다음 목사는 엄숙하게 물었습니다. "왼편에 있는 죄인은 오른편으로 건너갈 수 없습니다. 그 선은 모든 인류를 나눕니다. 구원받은 사람은 오른편에 있고 구원받지 못하는 사람은 왼편에 있게 됩니다. 당신을 왼쪽에서 끌어내어 오른쪽에 데려다 놓아야 하는 분은 바로 그리스도이십니다. 당신은 어느 쪽에 계십니까?" 하고 물었습니다. 대답이 없었습니다. 목사는 "하나님께서 은혜를 주실 것입니다."라고 기도한 후 집으로 돌아갔습니다. 목사는 다음 날 다시 물었습니다. "친구여, 당신은 어느 쪽에 계십니까?" 그는 즉시 한숨을 쉬며 자신이 잘못된 쪽에 있다고 대답했습니다. 그리고 머지않아 그는 복음을 환영하고 주님을 영접하게 되었습니다.

마찬가지로 당신 자신은 육에서 벗어날 수도, 육을 떨쳐버릴 수도 없지만 그리스도께서 당신을 들어올려 새 생명 안으로 넣어 주실 것입니다. 당신은 그리스도의 것이며 그리스도께서는 당신의 것입니다. 그러나 당신에게 필요한 것은 단지 자신을 하나님께로 던지는 것입니다. 그러면 그분께서는 당신이 육체에 대해 승리를 거둘 수 있도록 당신 안에 십자가의 능력을 계시하실 것입니다. 죄를 자백함으로, 완전히 의지함으로 하나님 어린양의 발 앞에 자신을 던지십시오. 그분께서 당신에게 구원을 주실 것입니다.

이 메시지에서의 나의 마지막 요점은 다음과 같습니다. 첫째, 사람은 영적인 생명을 보아야만 합니다. 둘째, 사람은 자신의 육신적인 상태를 깨닫고 자신이 그러한 상태에 있음을 고백해야만 합니다. 셋째, 사람은 육신적인 상태를 깨닫고 고백하는 것이 단지 한 곳에서 다른 한 곳으로 옮겨가는 한 단계에 불과함을 보아야만 합니다. 그리고 마지막으로 사람은 그리스도께서 자신을 지키실 수 있다는 믿음 안에서 단호한 태도를 취해야만 합니다. 그렇습니다. 그것은 단순한 관점이 아닙니다. 그것은 우리의 능력 안에서의 어떤 헌신도 아니요 우리의 의지의 힘에 의한 순종도 아닙니다. 우리는 자신의 능력 안에서 헌신할 수도 있고 자신의 의지의 힘에 의해 순종할 수도 있지만 중요한 것은 우리가 내일도 모레도 늘 우리를 지켜주실 그리스도를 앙망해야 한다는 것입니다. 우리는 우리 안에 하나님의 생명을 소유해야 합니다. 우리는 어떤 유혹에도 맞서는 생명, 죽을 때까지 지속되는 생명을 원합니다. 우리는 하나님의 은혜로 그리스도의 전지전능한 내주하시고 구원하시는 능력이 할 수 있는 것과 하나님께서 우리를 위해서 하실 수 있는 모든 것을 체험하길 원합니다.

하나님께서는 기다리고 계십니다. 그리스도께서는 기다리고 계십니다. 성령께서는 기다리고 계십니다. 당신은 무엇이 틀렸는지 보지 못하겠습니까? 당신이 광야에서 방황하는 이유가 무엇인지 모르겠습니까? 당신은 하나님께서 지켜주시고 축복을 주시는 좋은 땅, 약속의 땅을 보지 못합니까? 갈렙과 여호수아와 정탐꾼들의 이야기를 기억하십시오. 열 명의 정탐꾼들은 "우리는 그 사람들을 정복할 수 없습니다."라고 말했고 나머지 두 사람은 "우리는 할 수 있습니다. 왜냐하면 하나님께서 약속하셨기 때문입니다."라고 말했습니다. 하나님의 말씀을 들어보십시오. "그리스도 예수 안에 있는 생명의 성령의 법이 죄와 사망의 법에서 나를 해방하였음이라". 그와 같은 말씀을 취하고서 하나님께서 당신에게 주신 성령을 통하여 당신을 위해 행하실 것임을 선포하십시오.

새로운 체험도 느낌도 없으며 어떠한 흥분도 일어나지 않으며 빛도 없고 오히려 어둠 가운데 있을지라도 개의치 말고 영원하신 하나님의 말씀 위에 서십시오. 하나님께서는 아버지로서 배고픈 모든 자녀들에게 그분의 성령을 약속하십니다. 그럴진대 하나님께서 당신에게 주시지 않으시겠습니까? 그분께 구하는 사람들에게 성령을 수시지 않으시겠습니까? 그분께서 어떻게 그렇게 하실 수 없으시겠습니까? 진실로 그리스도께서 갈보리에서 당신을 위해 주신 바 되셨고 당신은 그 보혈을 믿었으며 성령께서도 당신을 위해 주신 바 되셨습니다. 마음을 열고 성령의 충만함을 받으십시오. 죄가 육적신적인 것임을 고백하고 정결케 하시는 그리스도의 피를 신뢰함으로 모든 죄를 피의 원천에 던져 버리며 우리를 그분의 영으로 축복하실 살아 계신 그리스도를 믿으십시오.

4/ 성령께로 분별되는 생활

 "안디옥 교회에 선지자들과 교사들이 있으니 곧 바나바와 니게르라 하는 시므온과 구레네 사람 루기오와 분봉왕 헤롯의 젖동생 마나엔과 및 사울이라 주를 섬겨 금식할 때에 성령이 가라사대 내가 불러 시키는 일을 위하여 바나바와 사울을 따로 세우라 하시니 이에 금식하며 기도하고 두 사람에게 안수하여 보내니라 두 사람이 성령의 보내심을 받아 실루기아에 내려가 거기서 배타고 구브로에 가서"(행 13:1-4).

 본문에서 우리는 하나님께서 우리를 향해 어떤 생각을 가지고 계시며 우리를 위해 무엇을 하고자 하시는지를 보여주신 몇 가지 사상을 발견할 수 있을 것입니다. 위에 언급된 구절들의 가장 위대한 교훈은 성령께서 이 땅에서 하나님의 사역의 인도자이시라는 사실입니다. 만일 우리가 하나님을 위하여 올바르게 사역하고자 한다면, 그리고 우리 사역이 하나님께로부터 은혜를 얻기 원한다면, 성령과 바른 관계 안에서 있을 필요가 있습니다. 왜냐하면 하나님께서는 자신께 속한 존귀한 위치를 날마다 성령께 주시기 때문입니다.

먼저, 우리는 이 장에서 하나님께서 자신의 왕국에 대한 계획을 갖고 계심을 봅니다. 안디옥에 그분의 교회가 세워졌습니다. 하나님께서는 아시아와 유럽에 대한 어떤 계획과 의도를 갖고 계셨습니다. 그 계획을 따라 하나님께서는 아시아와 유럽에 그분의 소유인 교회들을 산출하셨으며 그 후 그에 대해 그분의 종들에게 알리셨습니다. 우리는 복음주의적 운동에 대해 말합니다. 우리의 위대한 지도자이신 하나님께서는 그 운동을 계획하시고 조직화하시지만 그분의 부하들인 장군과 장교들은 항상 그분께서 어떻게 계획하셨는지 모릅니다. 그들은 종종 아직 그들에게 알려지지 않은 봉인된 명령을 받고서 지도자이신 그분께서 그들에게 내리신 명령을 알려주실 때까지 대기하고 있어야 합니다. 하늘에 계시는 하나님께서는 수행되어질 사역에 대한, 그리고 그 사역이 어떻게 수행되어져야 하는지에 대한 뜻과 소망을 갖고 계십니다. 하나님의 비밀을 알고 그분 아래서 일하는 사람은 복됩니다.

몇 년 전 우리는 웰링턴에 선교학원이라는 훌륭한 건물을 세우고

문을 열었습니다. 준공집회에서 원장이 한 말을 나는 한 번도 잊은 적이 없습니다. "지난 해 우리는 여기에 모여서 건물의 기초를 쌓았습니다. 그때 우리가 보았던 것은 무엇입니까? 주변에 널려져 있었던 것은 온통 옛 건물의 잔해와 벽돌과 돌과 쓰레기뿐이었습니다. 우리는 거기에 기초석을 쌓았고 누구도 어떤 빌딩이 들어서리라는 것을 예상하지 못했습니다. 건축자 한 사람을 제외하고는 단 한 명도 구체적으로 어떠한 건물이 들어설 것인지 전혀 알 수 없었습니다. 건축자의 생각 속에는 들어설 건물에 대한 그림이 분명했습니다. 청부업자와 벽돌공과 목수가 일하러 왔을 때, 그들은 건축자로부터 명령을 받았고 하급 노동자들도 명령에 따라야만 했습니다. 그에 따라 건물의 구조가 세워졌고 마침내 이 아름다운 건물이 완공되었습니다. 이와 똑같이 오늘 준공된 이 건물은 하나님만이 어떻게 수행될지 아시는 사역의 기초를 세운 것에 불과합니다." 하나님께서는 그분의 사역을 수행할 사역자와 분명하고도 구체적으로 세워진 계획을 가지고 계시며 우리의 위치는 기다리는 것입니다. 그분께서는 우리에게 필요할 때마다 그분의 뜻을 충분히 전달해주셔야만 하고 우리는 그분의 명령을 수행하면서 다만 신실하게 그분께 순종해야 합니다.

하나님께서는 이 땅에 있는 그분의 교회를 위한 계획을 갖고 계십니다. 그러나 안타깝게도 우리는 매우 자주 스스로 계획을 세우고 자신이 무엇을 해야 하는지 안다고 생각합니다. 우리는 하나님께서 우리 앞서 행하지 않으신다면 우리도 가지 않겠다고 거절하는 대신 우리의 보잘것없는 노력을 축복해주시길 구합니다. 하나님께서는 사역과 그분의 왕국의 확장에 대해서 이미 다 계획하셨고 성령께서는 자신이 책임지도록 맡겨진 사역을 해오셨습니다. 그분께는 '내가 불러 시키는 일'이 있습니다. 그러므로 성령에 의해 인도함받을 때를 제외하고는 하나님께서 우리가 '하나님의 언약궤'를 접촉하는 것을 두려워하도록 도우시길 원합니다.

우리가 이 장에서 다룰 두번째 항목은 하나님께서는 그분의 뜻이 무엇인지 그분의 종들에게 기꺼이 드러내시기를 원하시고 그렇게 하실 수 있다는 것입니다. 그렇습니다. 은혜로운 하나님과의 대화는 하늘로부터 옵니다. 우리가 성령께서 말씀하신 것에 대해 읽은 것과 마찬가지로 그분께서는 여전히 그분의 교회와 그분의 백성들에게도 말씀하실 것입니다. 성령께서는 자주 그렇게 해오셨습니다. 그분께서는 각 사람에게로 오셔서 다른이들이 처음에는 이해할 수도 없었고 받아들일 수도 없었던 일터로, 대다수가 경험해보지 못한 다른 방법과 방식으로 인도하셨습니다. 그러나 성령께서는 여전히 우리 시대에 그분의 백성들을 가르치십니다. 우리의 사회 선교와 가정 선교와 천 가지 형태의 사역에서 성령의 인도하심이 알려진 것을 인해 하나님께 감사하지만 우리는 이에 대해 너무나 아는 것이 없음을 기꺼이 고백하지 않을 수 없습니다.

단지 하나님께 능력만을 구하지 마십시오. 많은 그리스도인들이 사역에 대하여 자신의 계획을 갖고 있으면서 하나님께는 능력만을 구합니다. 사람은 자신의 뜻대로 일하면서 주님께서 은혜를 주셔야 한다고 간구하는데, 이것은 하나님께서 그에게 많은 은혜와 성공을 허락하실 수 없게 하는 원인이 됩니다. 그러나 우리 모두 하나님 앞에 우리 위치를 두고 하나님의 뜻과 그분의 힘 안에서 행해지는 것은 보류되지 않고 이루어질 것이며, 하나님의 뜻 안에서 수행되어지는 것은 그분의 전능한 축복하심을 얻을 수 있다고 말합시다. 그리고 하나님의 뜻이 우리에게 계시되는 것이 우리의 으뜸 되는 갈망이 되게 합시다.

만일 당신이 이러한 하늘과의 교제를 얻고 이해하는 것이 쉬운 일이냐고 묻는다면 나는 당신에게 하늘과의 올바른 교통 가운데 있고 하나님을 기다리는 기술을 아는 이들에게는 그것이 쉬운 일이라고 대답하겠습니다. 우리는 종종 사람이 어떻게 하나님의 뜻을 알 수 있느냐고 질문합니다. 사람들은 혼란에 빠질 때 하나님께서 그들에게 즉각적으로 응답해주시길 간절히 기도하기 원하지만 그분께서는 마음이 겸손하고 온유하며 비워진 이들에게만 그분의 뜻을 드러내십니다. 하나님께서는 사소한 일들과 일상 생활에서 하나님께 순종하고 그분을 경외하기를 배운 마음에게만 당혹스런 일들과 특별한 어려움 가운데서 그분의 뜻을 계시하실 수 있을 뿐입니다.

이러한 사실은 이 장에서 다루고자 하는 세 번째 항목으로 우리를 이끕니다. 성령께서 하나님의 뜻을 계시하시는 바탕이 되는 의향을 주의하십시오. 우리가 여기에서 다루고자 하는 바는 무엇입니까? 주님을 섬겨 금식하는 몇몇 사람들에게 성령께서 오셔서 말씀하셨습니다. 우리 시대에 어떤 사람들은 이 단락이 바로 자신들의 선교회에 적용되는 것이라고 이해합니다. 다른 선교지에서 일을 해왔던 이들은 다른 곳에 열린 선교지가 있음을 알고 그 곳에서 선교를 하려고 합니다. 이들은 사실상 거기에 정착하여 선교에 대해 기도합니다. 그러나 이전의 사도행전 13장에 있는 그들의 입장은 이것과는 매우 달랐습니다. 그들은 스스로 계획하지 않고 성령의 인도하심을 받고자 하는 마음을 갖고 있었던 것입니다. 나는 그들 중 어느 누구도 유럽에 대해서 고려하지 않았다고 생각하는데, 이는 후에 밤에 환상 중에 하나님의 뜻에 따라 부르심받기까지는 바울 자신조차도 아시아로 돌아가려고 시도했기 때문입니다. 이 사람들을 주목하십시오. 하나님께서는 안디옥에 교회를 확장하시고 풍성하고 큰 축복을 주시는 놀라운 일을 행하셨습니다. 이제 기도와 금식함으로 하나님을 섬기고 사역하는 사람들이 여기에 있습니다. 그들은 모든 것이 하늘로부터 직접적으로 와야 한다는 깊은 확신을 갖게 되었습니다. 그들은 마치 "오 주여, 우리는 당신의 종입니다. 우리는 금식하고 기도하면서 당신을 기다립니다. 우리에 대한 당신의 뜻은 무엇입니까?"라고 말하는 듯합니다.

베드로의 경우도 이와 동일하지 않습니까? 그는 가이사랴로 가라는 주의 명령과 환상에 대해서는 거의 예상치 않은 채 지붕 위에서 금식하고 기도하였습니다. 그는 그의 사역이 어떻게 될 것인지 아무 것도 몰랐습니다. "하나님, 이것이 우리의 태도가 되게 하소서. 하나님의 뜻의 계시는 세상, 심지어 종교적인 실행들에서조차 자신을 분별하여 주를 앙망하는 강렬한 기도로 자신을 포기하는 마음과 주께 전적으로 굴복된 마음에 임함을 깨닫게 하소서." 하나님의 하늘에 속한 뜻이 우리에게 명백하게 계시되는 곳은 바로 이러한 마음입니다.

사도행전 13장 1절부터 4절까지에서 '금식'이라는 말은 두 번 언급됩니다. "이에 금식하며 기도하고"(3절). 기도할 때 우리는 예수님의 명하심대로 골방으로 들어가 문 닫고 기도하는 것을 좋아합니다. 사업과 회사와 쾌락과 그 외에 정신을 산란하게 할 만한 것들을 끊어버리고 거기에서 오로지 하나님만 함께 있기를 원합니다. 그러나 물질적인 세상조차도 한 가지 형태로 골방까지 당신을 좇아갑니다. 먼저, 당신은 먹어야 합니다. 13장의 주를 섬겨 금식하는 사람들은 물질적이고 눈에 보이는 것의 영향으로부터 자신들을 분별시키길 원하는 마음으로 금식했습니다. 그들이 먹었던 것은 단지 기본적인 생리적 필요를 공급하기에 족할 뿐이었습니다. 그들은 하나님 앞에 금식하면서 이 땅의 모든 것을 놓으려는 뜻을 강렬하게 표명했습니다. 오, 하나님 우리는 성령께서 당신의 축복된 뜻을 우리에게 계시하실 수 있도록 당신을 기다리기를 원합니다. 그러므로 13장에서 제자들이 가졌던 그러한 강한 갈망과 모든 것으로부터의 분별됨을 우리에게 주시옵소서.

이 장에서 다루어질 네 번째 요점은 성령께서 계시하시는 하나님의 뜻은 무엇인가에 대한 것입니다. 하나님의 뜻을 한 마디로 표현한다면 그것은 '성령께로 분별됨'입니다. 이것이 13장에 있는 하늘로부터 온 메시지의 핵심입니다. "내가 불러 시키는 일을 위하여 바나바와 사울을 따로 세우라"(2절). 성령께서는 "그 일은 나의 일이므로 내가 그 일을 돌볼 것이다. 나는 바나바와 사울을 선택하고 불렀다. 나는 이 땅의 그리스도의 교회를 대표하는 너희들이 내가 선택하여 불러낸 이들을 나에게로 따로 분별시키기를 원한다."라고 말씀하시는 듯합니다.

　이 하늘의 메시지를 이중적인 면으로 살펴봅시다. 바나바와 사울은 성령께로 따로 분별되었고 교회는 이러한 분별시키는 역사를 하였습니다. 성령께서는 합당한 영 안에서 분별시키는 사역을 하도록 교회에게 위임하실 수 있었습니다. 그들은 하늘과의 교통 안에 거하였으며 성령께서는 그들에게 바나바와 사울을 따로 세우라고 말씀하실 수 있었습니다. 그들은 성령께서 예비하셨던 이들로서 하나님께서는 그들에게 자신을 위하여 바나바와 사울을 따로 분별시키라고 말씀하실 수 있었던 것입니다.

　여기에서 우리는 사역자로서 우리에게 필요한 바로 그 생활과 뿌리에 이릅니다. 우리의 질문은 하나님의 능력이 우리에게 더 능력 있게 임하기 위해, 그분의 축복이 가난하고 곤고한 이들과 우리가 수고하고 있는 이들 중 멸망해가는 죄인들에게 더 풍성히 임하기 위해서 필요한 것은 무엇인가에 대한 것입니다. 이에 대해 하늘은 "나는 성령께로 분별된 사람들을 원한다."라고 응답합니다. 이 응답의 의미가 함축하고 있는 바는 무엇입니까? 당신은 이 땅에 두 영이 있음을 압니다. 그리스도께서는 성령에 대해 말씀하시면서 세상은 그를 받을 수 없다고 하셨습니다. 바울은 "우리가 세상의 영을 받지 아니하고 오직 하나님께로 온 영을 받았으니"(고전 2:12)라고 말합니다. 세상의 영은 나가고 하나님의 영께서 우리의 모든 존재와 속 생명을 소유하시기 위해 임하시는 것이 모든 그리스도인 사역자에게 필요합니다.

내가 확신하건대 많은이들이 하나님께 자신의 사역을 위한 능력의 영으로서 성령께서 자신들에게 임하시기를 구하고 자신들이 구하는 능력과 축복을 어느 정도 얻었다고 느꼈을 때 하나님께 감사드립니다. 그러나 하나님께서는 많은이들이 구하는 것보다 더 좋고 더 높은 것을 원하십니다. 그분께서는 우리가 자아를 정복하고 죄를 내쫓으며 예수의 은혜롭고 아름다운 형상을 우리 안에 새기도록 성령께서 우리 자신의 마음과 생명에 능력의 영으로서 임하심을 추구하기를 원하십니다.

은사로서의 영의 능력과 거룩한 생명의 은혜를 위한 영의 능력 사이에는 차이가 있습니다. 사람은 때때로 어느 정도 성령의 능력을 소유할 수 있지만 은혜와 거룩의 영으로서의 성령을 많이 갖지 않는다면 그의 사역에 결손이 나타날 수 있습니다. 그는 사람들로 회심하게 할 수는 있지만 영적 생활의 더 높은 표준에 이르도록 도울 수는 없으며 그가 죽으면 그의 사역의 대부분도 없어져버립니다. 그러나 성령께로 분별된 이는 "아버지여, 성령께서 제 가정과 기질과 입의 모든 말과 마음의 모든 묵상과 동료를 향한 모든 느낌에서 저를 완전히 다스리도록 하소서. 성령께서 저의 전 존재를 소유하도록 하소서."라고 말할 준비가 되어 있습니다. 성령께로 분별되어 자신을 포기하여 드리는 것이 당신이 하나님과 한 마음의 약속과 갈망입니까? 나는 당신이 하늘의 음성을 듣기를 기도합니다. 성령께서는 "내게로 따로 세우라"고 말씀하십니다. 말씀이 우리 존재의 깊은 곳에 들어와 우리를 감찰하기를 바랍니다. 하나님께서 우리로 자아 생명과 자아의 뜻과 자기를 높이는 것이 우리 존재의 깊은 곳에 있음을 발견케 하신다면 그 순간 자신을 그분 앞에 겸손히 낮춥시다.

당신은 성령께로 분별되었습니까? 성령께로 분별됨이 당신이 갈망하는 바입니까? 성령께로 분별됨이 당신이 그분께 굴복된 결과입니까? 성령께로 분별됨이 당신이 승천하신 전능한 주 예수의 능력 안에 있는 믿음을 통해 기대해왔던 것입니까? 여기에 믿음의 부르심과 축복의 열쇠, 즉 성령께로 분별됨이 있습니다.

하나님께서는 우리 교회와 선교 협회와 위원회가 성령께로 분별시키는 사역자들의 임무에 적합한 남녀로 구성될 수 있도록 허락하시므로 우리는 그에 대해서도 하나님께 구할 수 있습니다. 나는 하나님께서 우리를 이끄셔서 각자가 자신을 성령께로 분별시킬 수 있도록, 그리고 형제 자매들로 끝까지 기도로 그와 함께할 수 있도록 구하게 하시리라고 믿습니다. 하나님께서 우리로 서로를 위한 일을 하는 데 합당하게 하시기 바랍니다.

이제 다섯 번째 요점을 다루어봅시다. 하나님의 사역에 있어서 성령과의 거룩한 동역은 의식과 행동의 문제입니다. 13장에서 사람들은 바울과 바나바를 따로 세웠습니다. 그 후 성령의 보내심을 받은 두 사람이 실루기아로 내려간 것이 기록되어 있습니다. 오! 하늘에서 그 사역의 일부를 행하시는 성령과 땅 위에서 다른 부분의 사역을 담당하는 사람 사이에 어떠한 교통이 오고갔는지! 이 땅 위에서 역사할 사람들을 정하신 후에 이들이 성령의 보내심을 받았음이 하나님의 호흡으로 된 말씀에 기록되어 있습니다.

이러한 협력이 어떻게 새로운 기도와 금식을 불러일으키는지 보십시오. 그들은 얼마 동안 그리스도를 섬겨 금식했습니다. 성령께서는 말씀하시고 그들은 성령께서 말씀하신 일을 함으로 성령과의 협력 안으로 들어가야 했습니다. 즉시 그들은 더 많은 기도와 금식으로 성령과 함께합니다. 이러한 것은 그들에게 있는 주님의 명령을 순종하는 영입니다. 이것은 단지 우리 그리스도인의 사역의 시작에서만이 아니라 계속하여 주님의 명하심을 순종하여야 함과 기도 안에서 우리의 힘을 얻을 필요가 있음을 가르쳐줍니다. 때때로 압도적인 슬픔으로 나에게 밀려오는 그리스도의 교회와 관계된 한 가지 생각이 있다면, 내가 부끄러워하는 내 자신의 삶에 관련된 한 가지 생각이 있다면, 그리스도의 교회가 받아들이지 못했고 이해하지 못했다고 느끼는 한 가지 생각이 있다면, 나로 하나님께 "오! 하나님, 당신의 은혜로 새로운 것들을 가르쳐 주소서."라고 기도하게 하는 한 가지 생각이 있다면, 그것은 기도는 왕국에서 갖게 되는 놀라운 능력이라는 것입니다. 그러나 우리는 기도를 거의 이용하지 않습니다.

우리는 번연(Bunyan)의 걸작품에서 그리스도인의 삶에 대해 읽었습니다. 그는 지하 감옥의 문을 여는 열쇠가 자신의 가슴에 있음을 발견했습니다(천로역정에서, 역자 주). 우리에게는 우리의 도시나 마을이나 이교도의 감옥을 열 수 있는 열쇠가 있습니다. 그러나 우리는 기도하는 것보다 우리의 사역에 훨씬 더 점유되어 있습니다. 우리는 하나님께 말씀드리는 것을 믿기보다 사람들에게 말하는 것을 더 믿습니다. 성령께서 명하시는 사역은 우리를 새로운 금식과 기도로, 세상의 쾌락과 세상의 영으로부터의 새로운 분별로, 하나님과 그분의 교통에 대한 새로운 헌신으로 우리를 부르시는 것임을 이러한 이들에게서 배우십시오. 이들은 자신들을 기도와 금식에 드렸습니다. 만일 우리 일상적인 그리스도인 사역에 더 많은 기도가 더해진다면 우리 자신의 속 생명에 더 많은 축복이 임할 것입니다. 만일 우리가 세상에 대하여 느끼고 증거하고 간증한다면, 그 유일한 힘은 매순간 하나님과 접촉하고 매순간 그분께서 내 안에서 역사하시도록 허락하는 데 있습니다. 만일 그것이 우리의 영이라면 하나님의 은혜로 우리의 삶은 더 거룩해지고 더 풍성한 열매를 맺을 수 있지 않겠습니까?

갈라디아서 3장은 하나님 말씀 가운데 가장 엄숙한 경고의 말씀입니다. 갈라디아서 3장에서 바울은 "성령으로 시작하였다가 이제는 육체로 마치겠느냐"고 말합니다. 당신은 이 말씀이 무엇을 의미하는지 아십니까? 성령 안에서 많은 기도로 시작한 그리스도인 생활에서와 마찬가지로 그리스도인의 사역 가운데 있는 매우 무서운 위험은 육체의 나락으로 떨어지는 것입니다. 이러한 위험에 직면한 이들에게 임한 말씀은 "성령으로 시작하였다가 이제는 육체로 마치겠느냐"입니다. 우리가 맨 처음 곤경에 빠져 의지할 곳이 없을 때, 우리는 하나님께 기도를 많이 하였으며 하나님께서는 응답하시고 축복을 주셨습니다. 그로 인해 우리의 조직은 탄탄해졌고 우리 사역의 무리도 확장되었습니다. 그러나 점차적으로 조직과 사역의 급격한 발전이 우리를 점유하여 우리가 작은 무리였을 때 시작했던 그 성령의 능력은 거의 잃어버리는 지경에 이르게 되었습니다. 오, 나는 당신이 이러한 것에 주의를 기울일 수 있기를 기도합니다. 사도의 무리가 성령의 명령을 수행할 수 있었던 것은 새로운 기도와 금식, 그리고 더 많은 기도와 금식으로 인한 것이었습니다. "내 영혼아, 오직 하나님만 기다리라". 이러한 고백이 우리의 가장 높고 가장 중요한 사역입니다. 성령께서는 우리의 믿음의 기도에 대한 응답으로 임하십니다.

높여지신 주께서 승천하여 보좌에 앉으셨을 때 열흘 동안 보좌의 발등상은 그분을 기다리는 제자들이 그분께 부르짖었던 장소였습니다. 보좌 위에는 왕께서 계시고 발등상에는 종들이 있는 것이 왕국의 법도입니다. 주께서 우리로 끊임없이 보좌의 발등상에서 발견되게 하시길 바랍니다.

이 장에서 다룰 나의 마지막 요점은 다음과 같습니다. 사역자들이 성령께서 사역을 인도하시고 이끄시도록 자리를 내어드릴 때, 그리고 그 사역이 그분께 대한 순종 안에서 수행될 때 임하는 축복은 얼마나 놀라운 것인지! 당신은 바나바와 사울이 보내심받아 전도한 이야기를 알고 있습니다. 당신은 어떠한 능력이 그들과 함께했는지도 알고 있습니다. 성령께서 그들을 보내셨고 그들은 큰 축복을 받으며 이곳저곳으로 계속해서 나아갔습니다. 성령께서 그들의 인도자이셨습니다. 오! 그들의 사역이 주를 의지했을 때 오는 축복은 어떠한 것이었는지!

하나님께서 우리를 위한 축복을 갖고 계심을 믿는 것을 배웁시다. 하나님께서 사역을 수행하시는 손이신 성령께서는 '거룩한 삼위일체의 집행자'로 불리워 왔습니다. 성령께서는 능력을 소유하실 뿐만 아니라 사랑의 영을 소유하고 계십니다. 성령께서는 이 어두운 세상과 우리 나라와 그 안에 있는 사역의 모든 영역을 품고 계시며 기꺼이 축복을 내리고자 하십니다. 그런데 우리에게 더 많은 축복이 없는 이유는 무엇입니까? 이에 대한 유일한 답변은 우리가 마땅히 경배했어야 하는 만큼 성령을 경배하지 못했다는 것입니다. 이것이 사실이 아니라고 누가 말할 수 있겠습니까? 깊은 생각을 가진 이들 중에 마땅히 경배했어야 하는 만큼 성령을 경배하지 못했고 그분을 슬프시게 했으며 성령께서 경배받으셔야 할 곳에서 자아와 육체와 자신의 뜻이 일하도록 허락했던 것을 인해 하나님께 용서해달라고 부르짖지 않은 이가 누구이겠습니까? 하나님께서 성령이 얻기 원하셨던 자리를 자아와 육체의 뜻이 차지하게 한 것을 용서해주시기 바랍니다. 오, 그 죄는 우리가 알고 있는 것보다 얼마나 더 큰지! 그리스도의 교회 안에 나약함과 실패가 매우 많음은 그다지 놀랄 만한 일이 아닙니다.

5/ 베드로의 회심

"주께서 돌이켜 베드로를 보시니 베드로가 주의 말씀 곧 오늘 닭 울기 전에 네가 세 번 나를 부인하리라 하심이 생각나서 밖에 나가서 심히 통곡하니라"(눅22:61-62).

그것은 베드로의 역사에서 전환점이었습니다. 그리스도께서는 베드로에게 "너는 지금 나를 따를 수 없다."고 하셨습니다. 베드로는 그리스도를 따르기에 적절한 상태에 있지 못했는데, 그 이유는 그가 아직 자신이 끝나는 데 이끌리지 못했기 때문입니다. 그는 자신을 몰랐으므로 그리스도를 따를 수 없었습니다. 그러나 베드로가 밖으로 나가 통곡하였을 때, 그에게 큰 변화가 일어났습니다. 그리스도께서는 이전에 이미 그에게 "너는 돌이킨 후에 네 형제를 굳게 하라"고 말씀하셨습니다. 여기에 베드로가 자기 자신에게서 그리스도께로 돌아선 핵심이 있습니다.

　　베드로에 대한 이러한 이야기로 인해 하나님께 감사드립니다. 성경에서 우리에게 그보다 더 큰 위안을 주는 사람이 없습니다. 실패로 가득한 그의 성격을 볼 때, 그리스도께서 성령의 능력으로 그를 변화시키신 점에서 우리 모두에게도 소망이 있습니다. 그러나 그리스도께서 베드로를 성령으로 충만케 하여 새 사람으로 변화시키시기 전에 그는 밖으로 나가 통곡해야 했다는 사실을 기억하십시오. 그는 낮추어져야 했습니다. 이것을 이해하기 위해 우리가 살펴볼 네 가지 요점이 있습니다. 첫째, 예수께 헌신한 제자 베드로를 봅시다. 다음으로 자기 자신의 생명 안에 살았을 때의 베드로에 대해, 그리고 회개하였을 때의 베드로에 대해 살펴보겠습니다. 마지막으로 그리스도께서 어떻게 성령으로 베드로를 변화시키셨는지 살펴보겠습니다.

　　첫째, 그리스도께 헌신한 제자, 베드로를 보십시오. 그리스도께서는 베드로가 그물을 버리고 그분을 따르도록 그를 부르셨습니다. 베드로는 즉시 그렇게 하였고 후에 그는 그리스도께 "우리는 모든 것을 버리고 당신을 따랐나이다"라고 말할 수 있었습니다. 베드로는 완전히 순종한 사람이었습니다. 그는 모든 것을 버리고 예수를 따랐습니다. 베드로는 또한 참된 순종의 사람이었습니다. 어부 베드로는 밤새 고기를 낚

앉아도 아무 것도 잡지 못했기 때문에 거기에 물고기가 없는 줄 알고 있었지만 그리스도께서 "그물을 배 오른편에 던지라"고 말씀하셨을 때 그는 "당신의 말씀에 의지하여 내가 그물을 내리리이다"라고 말하며 그 분의 말씀에 순종했습니다. 더욱이 그는 믿음이 강한 사람이었습니다. 바다 위를 걸어가시는 그리스도를 보았을 때, 그는 "주여, 만일 당신이 어든 나로 당신에게로 가게 하소서"라고 말한 후 그리스도의 음성을 듣고는 배에서 내려와 바다 위를 걸었습니다. 또한 베드로는 영적 통찰력이 있는 사람이었습니다. 그리스도께서 제자들에게 "너희는 나를 누구라 하느냐?"라고 물으셨을 때, 그는 "당신은 그리스도시요 살아 계신 하나님의 아들이시니이다."라고 대답할 수 있었습니다. 이러한 베드로의 대답에 그리스도께서는 "바요나 시몬아 네가 복이 있도다 이를 네게 알게 한 이는 혈육이 아니요 하늘에 계신 내 아버지시니라"고 말씀하셨습니다. 그리스도께서는 그를 베드로, 즉 돌이라고 부르시면서 그에게 천국 열쇠를 주시겠다고 말씀하셨습니다. 베드로는 예수께 헌신한 뛰어난 제자였습니다. 그러나 그는 얼마나 부족한 점이 많은 사람이었는지!

다음으로, 자신의 생명 안에서 살고 자신을 기쁘게 했으며 자신을 신뢰하고 자신의 명예를 추구했던 베드로에 대해 살펴보겠습니다. 그리스도께서 그에게 "이를 네게 알게 한 이는 혈육이 아니요 하늘에 계신 내 아버지시니라"고 말씀하신 직후에 곧바로 그분이 받으실 고난에 대해 말씀하시기 시작하시자 베드로는 감히 "주여, 그리마옵소서. 이 일이 결코 주에게 미치지 아니하리이다"라고 말했습니다. 베드로의 이러한 반응에 대해 그리스도께서는 "사탄아, 내 뒤로 물러가라. 너는 나를 넘어지게 하는 자로다. 네가 하나님의 일을 생각지 아니하고 도리어 사람의 일을 생각하는도다."하시며 꾸짖으셨습니다. 베드로는 자신의 지혜를 신뢰하며 자아의 뜻 가운데 있으면서 사실상 그리스도께서 십자가에 가셔서 죽으시는 것을 막았습니다. 베드로는 자신을 믿었으며 신성한 것에 대한 자신의 생각을 신뢰했습니다. 우리는 이후에 제자들 가운데 누가 큰가에 대해 한 번 이상의 논쟁이 있었으며 베드로도 그 중 한 사람이었다는 것과 자신이 바로 그 첫번째 위치에 있을 권리가 있다고 생각했음을 알게 됩니다. 그는 다른 누구보다도 자신의 명예를 좇았는데, 그것은 베드로에게 있어서 강한 자아 생명이었습니다.

그리스도께서는 자신의 고난에 대해 말씀하신 후 그에게 "사탄아, 내 뒤로 물러가라"고 말씀하시고서는 곧 이어서 "아무든지 나를 따라오려거든 자기를 부인하고 자기 십자가를 지고 나를 좇을 것이니라"고 하셨습니다. 그렇게 할 수 없다면 어떤 사람도 그분을 따를 수 없습니다. 그분을 따르기 위해서는 자신이 완전히 부인되어야만 합니다. 이 말이 의미하는 바는 무엇입니까? 베드로가 그리스도를 부인할 때 우리는 그가 세 번이나 "나는 그를 알지 못한다", 즉 "나는 그와 아무 상관도 없다. 그와 나는 친구가 아니다. 나는 그와 아무런 관계도 없음을 분명히 한다."라고 말한 것을 읽습니다. 그리스도께서는 베드로에게 자신을 부인해야 한다고 말씀하셨습니다. 자신은 무시되어야 하고 자신의 모든 주장은 거절되어야 합니다. 그것이 진정한 제자도(道)의 뿌리입니다. 그러나 베드로는 그것을 이해하지 못했으므로 따를 수 없었습니다. 그런 그에게 무슨 일이 일어났는지 보십시오. 그리스도께서는 돌아가시기 전 마지막 날 밤 그에게 "닭 울기 전에 네가 세 번 나를 부인하리라"고 말씀하셨지만 자신감으로 가득 찼던 베드로는 "모두가 주를 버릴지라도 나는 버리지 않겠나이다 나는 주와 함께 감옥에 갇혀 죽겠나이다"고 말했습니다. 그렇게 하려는 그의 의도는 진심이었고 그는 진정으로 그렇게 하려 하였으나 그는 자신을 알지 못했습니다.

우리는 '부정하지 않은 것이 없네(Nothing unclean)'라는 찬송을 부르면서 아마도 우리와 하나님 사이에 발생한 개인적인 죄에 대해서 생각할 것입니다. 그러나 전혀 깨끗하지 않은 우리 자신의 생명, 즉 우리의 본성과 우리는 어떤 관계가 있습니까? 완전히 죄의 권세 아래 있는 육신과 우리는 어떤 관계에 있습니까? 우리에게 필요한 것은 바로 그것에서 해방되는 것입니다. 베드로는 그것을 알지 못했으므로 자신에 대한 확신으로 나아가서 주님을 부인하기에 이르렀습니다.

그리스도께서 '부인하다'라는 단어를 어떻게 두 번 사용하셨는지를 보십시오. 그분께서는 처음에 "자기를 부인하라"고 베드로에게 말씀하셨고 두 번째로 "너는 나를 부인하리라"고 말씀하셨습니다. 우리가 선택해야 할 것은 둘 중 한 가지입니다. 우리에게는 이외에 다른 선택의 여지가 없습니다. 우리는 자신을 부인하거나 그리스도를 부인해야만 합니다. 서로 싸우는 두 가지 큰 힘이 있는데, 하나는 죄의 능력 아래 있는 자신의 본성이며 다른 하나는 하나님의 능력 아래 있는 그리스도입니다. 이 둘 중 하나가 우리 안에서 우리 자신을 지배합니다.

이제 베드로의 회개를 보십시다. 베드로가 주님을 세 번이나 부인했을 때 그를 쳐다보신 그분의 눈빛에 그의 마음은 부서졌고 즉시 자신이 저지른 끔찍한 죄와 그가 한 실패와 그가 떨어져버린 타락의 심연이 그 앞에 열려 "그는 밖으로 나가 심히 통곡했습니다."

베드로가 회개했음에 틀림없다고 과연 누가 말할 수 있습니까? 그날 밤, 그리고 다음 날 그리스도께서 십자가에 못 박히시고 장사되신 것을 보았을 때 그는 틀림없이 소망 없는 절망과 수치로 그날을 보냈을 것입니다. "나의 주님은 가셨다. 나의 희망도 사라졌다. 나는 내 주님을 부인했다. 그러한 사랑의 생활 후에 3년의 축복된 교통 후에, 나는 내 주님을 부인했다. 하나님, 저를 불쌍히 여기소서!" 나는 베드로가 그 당시 느꼈을 수치심의 깊이를 우리가 깨달을 수 있으리라고 생각지 않습니다. 그러나 그것은 베드로에게 있어서 하나의 전환점이었고 변화였습니다. 그 주의 첫날에 그리스도께서 베드로에게 나타나셨고 그날 저녁 그분은 다른 사람들과 함께 베드로를 만나셨습니다. 후에 갈릴리 바닷가에서 그분은 베드로에게 "네가 나를 사랑하느냐"고 물으셨습니다. 베드로는 세 번 부인하리라는 주님의 말씀이 생각나 슬펐지만 똑바로 말했습니다. "주여, 모든 것을 아시오매 내가 주를 사랑하는 줄을 주께서 아시나이다".

내가 생각하기에 그때 베드로는 자신으로부터 구원될 준비가 되어 있었습니다. 그리스도께서는 그를 다른 이들과 함께 보좌의 발등상으로 데려가셔서 거기에서 기다리라 명하셨습니다. 오순절 날 성령께서 임하셨을 때 베드로는 변화된 사람이었습니다. 그러나 단지 오순절 날의 그의 담대함과 능력과 성경에 대한 통찰력과 그날 전파한 축복을 베드로가 변화되었다고 생각하는 근거로 삼지는 마십시오. 그에 대해 하나님께 감사드리지만 베드로에게는 더 깊고 더 나은 뭔가가 있었습니다. 베드로의 모든 본성이 변화된 것입니다.

그러한 사실을 보고자 한다면 베드로 전서를 읽어 보십시오. 베드로의 실패가 어디에 있었는지 알게 될 것입니다. 사실상 베드로가 그리스도께 "주여, 그리 마옵소서. 이 일이 결코 주에게 미치지 아니하리이다."라고 말했을 때 그의 말은 그에게 죽음을 통과하여 부활하는 것에 대해 어떤 인식도 없었음을 보여주는 것이었습니다. 그리스도께서 "자신을 부인하라"고 하신 말씀에도 불구하고 그는 그의 주를 부인했습니다. 그리스도께서 그에게 "너는 나를 부인하리라"고 경고하셨을 때, 그리고 그가 결코 그러지 않을 것이라고 주장했을 때 이것은 그가 자신 안에 있는 것이 무엇인지를 얼마나 이해하지 못했는가를 보여주는 것이었습니다. 그러나 나는 베드로 전서에서 "너희가 그리스도의 이름으로 욕을 받으면 복 있는 자로다 영광의 영 곧 하나님의 영이 너희 위에 계심이라"고 말하는 이는 예전의 베드로가 아니라 그 안에서 숨쉬고 말씀하시는 바로 그리스도의 영이시라고 말하겠습니다. 나는 그가 어떻게 "이를 위하여 너희가 부르심을 입었으니 그리스도도 너희를 위하여 고난을 받으사 너희에게 본을 끼쳐 그 자취를 따라오게 하려 하셨느니라"고 말할 수 있었는지, 그리고 베드로에게 어떤 변화가 일어났는지를 이해합니다. 그는 그리스도를 부인하는 대신 자신을 부인하고 십자가에 못박혀 죽기로 포기하는 것의 기쁨과 즐거움을 발견했습니다. 따라서 사도행전에서 우리가 읽게 되는 것은 바로 그가 공회에 불려갔을 때 담대하게 "사람보다 하나님을 순종하는 것이 마땅하니라"고 한 말입니다. 그는 다른 제자들과 돌아와서 자신들이 그리스도의 이름으로 능욕받기에 합당한 자로 여겨짐을 기뻐할 수 있었습니다. 자신을 믿고 자신을 추구하던 베드로가 성령과 예수의 생명으로 충만해짐을 통하여 변화되었음을 주목하십시오. 그리스도께서는 그분 자신을 위해 성령으로 그렇게 행하셨던 것입니다.

이 이야기는 진실로 하나님에 의해 그분의 백성들에게 축복이 되고자 하는 모든 그리스도인 사역자들의 역사가 되어야만 합니다. 이 이야기는 모든 사람이 하늘에 계시는 하나님으로부터 받을 수 있는 것에 대한 예언입니다. 개개의 사역자들이 축복을 받을 때 사역이 번성하고 몸이 강건케 될 것입니다.

이제 이 교훈이 우리에게 가르쳐 주는 바가 무엇인지를 살펴보겠습니다.

첫 번째 교훈은 이것입니다. 당신은 아마도 매우 간절하고 경건하며 헌신되고 어느 정도 성공했으나 육신의 힘이 강한 사역자일 수 있습니다. 하나님을 부인하기 전에 베드로는 귀신을 쫓아내고 병자를 치료했습니다. 어떤이들은 성공적으로 하나님을 섬기며 축복을 얻기 위해 하나님을 찬양하지만 베드로가 그랬던 것처럼 그들의 육신의 힘은 강하고 육신을 위한 여지가 존재할 수 있습니다. 우리는 하나님의 능력이 하나님께서 원하시는 만큼 강력하게 역사하지 못하는 이유가 바로 우리 안에 자아 생명이 충만하기 때문임을 깨달을 필요가 있습니다. 하나님께서는 우리를 통하여 열 배의 축복을 주시기 위해 그분의 축복을 배가하시기를 갈망하십니다. 그러나 우리 안에 그분을 방해하는 어떤 것이 있는데 바로 자아 생명입니다. 베드로의 교만과 그의 성급함과 자기 확신은 모두 '자신'이라는 한 마디에 그 뿌리를 두고 있습니다. 그리스도께서는 자신을 부인하라고 말씀하셨지만 베드로는 결코 그 말을 이해하지 못했고 결코 순종할 수 없었으며, 따라서 모든 실패가 거기에 기인할 수밖에 없었습니다.

그러므로 나는 어떤이들이 하나님의 자녀요 하나님의 종이요 사역자요 능력과 지위와 재능을 소유한 하나님의 백성들이며 단순히 하나님을 위해 진실되게 사역하는 겸손한 평신도일 수 있지만 자아 생명이 그들을 지배할 수 있다고 말하는 것입니다. "오 하나님, 자아 생명 가운데 계속하여 살지 않도록 이것을 내게 보여주소서."라고 기도하는 것은 얼마나 숭고한 생각이며 얼마나 간절한 기도인지! 20년 동안 사역해 왔던 많은이들(그들은 아마 높은 위치에 올랐던 사람들일 것입니다)에게 하나님께서 그를 찾아내어 그에게 자기 자신을 알도록 가르쳐 주신 일과 그로 인해 그들이 매우 수치심을 느껴 하나님 앞에서 완전히 무너지게 되는 일이 일어났습니다. 오, 얼마나 비통한 수치와 슬픔과 고통과 고뇌가 그들이 해방을 맛보기까지 그들에게 임했는지! 베드로는 밖으로 나가 통곡하였습니다. 베드로와 같이 경건하지만 육신의 힘이 여전히 지배하는 이들이 많을 수 있습니다.

두 번째 교훈은 자아의 힘을 발견하게 해 주는 것은 은혜로운 예수 그리스도의 사역이라는 것입니다.

그렇게 육신적이고 자신의 뜻대로 하며 강한 자기애(自己愛)를 가졌던 베드로가 어떻게 해서 오순절의 사람이자 베드로서의 저자가 될 수 있었겠습니까? 그것은 바로 그리스도께서 그를 책임지셨고 그를 지켜보셨으며 그를 가르치셨고 그를 축복하셨기 때문입니다. 그리스도께서 그에게 내리셨던 경고는 훈련의 일부였으며 마침내 사랑의 눈길이 그에게 임했습니다. 그리스도께서 고난받고 계셨을 때 그분은 베드로를 잊지 않으시고 돌이켜 그를 바라보셨습니다. 이에 "베드로는 밖으로 나가 심히 통곡하였습니다." 오순절로 베드로를 이끄신 그리스도께서는 이전히 모든 마음이 기꺼이 그분께 완전히 복종하기를 기다리고 계십니다.

당신은 그것이 자신에게 있는 단점이라고 말하겠습니까? 그것은 예외 없이 자아 생명이고 자아에 대한 안위이며 자의식이고 자신을 기쁘게 하는 것이며 자아의 뜻입니다. 그것을 제해버릴 수 있는 방법은 무엇입니까? 이에 대한 내 대답은 우리에게서 그러한 것들을 제거하실 수 있는 분은 예수 그리스도이시라는 것입니다. 예수 그리스도 외에는 누구도 자신의 힘으로부터 우리를 해방시킬 수 있는 이가 없습니다. 그분은 우리가 그분 앞에서 자신을 낮추기를 원하십니다.

6/ 완벽한 항복

"아람 왕 벤하닷이 그 군대를 모으니 왕 삼십이 인이 저와 함께 있고 또 말과 병거들이 있더라 이에 올라가서 사마리아를 에워싸고 치며 사자들을 성중 이스라엘 왕 아합에게 보내어 이르기를 벤하닷은 이르노니 네 은금은 내 것이요 네 처들과 네 자녀들의 아름다운 자도 내 것이니라 하매 이스라엘 왕이 대답하여 말하기를 내 주 왕이여 왕의 말씀같이 나와 나의 것은 다 왕의 것이니이다 하였더니"(왕상 22:1-4).

벤 하닷이 요구했던 바는 절대적인 순종이었고 아합은 그가 요구한 대로 그에게 절대적으로 순종했습니다. 나는 아합이 벤하닷에게 한 "내 주 왕이여 왕의 말씀같이 나와 나의 것은 다 왕의 것이니이다"라는 말을 모든 하나님의 자녀가 그 아버지께 자신을 복종시키는 데 근거가 되는 말로 사용하고 싶습니다. 만일 기꺼이 그렇게 하고자 하는 마음이 있다면 하나님께서 우리를 위해 하실 일과 우리에게 주실 은혜에는 끝이 없을 것입니다.

    내가 어디에서 이 '절대적인 순종'이라는 말을 알게 되었는지 말하고자 합니다. 스코틀랜드에서 나는 그리스도의 교회의 상태와 교회와 믿는이들이 크게 필요로 하는 것이 무엇인지를 논하는 단체에 있었습니다. 우리 무리 가운데 그리스도의 사역자들의 훈련에 많이 관련되어 있는 사람이 있었는데, 나는 그에게 교회가 가장 필요로 하는 것이 무엇인가를 물었습니다. 그는 간단하고 명확하게 "하나님께 대한 절대적인 순종이 그 한 가지입니다."라고 말했습니다. 이제까지 그 어떤 말도 나를 그렇게 강타한 적이 없었습니다. 그리고 나서 그는 많은 사역자들을 다뤄오면서 알게 된 바를 말하기 시작했습니다. 만일 사역자들이 하나님을 향한 절대적인 순종의 면에서 건강하다면 비록 발전이 다소 더디다 할지라도 그들은 기꺼이 배우고 도움받으려 하며 항상 진보하는 반면, 그 점에서 건강치 않은 사람은 자주 뒤로 물러가 그 사역을 떠나게 된다는 것입니다. 주님의 충만한 축복을 얻기 위한 조건은 그분께 절대적으로 순종하는 것입니다.

    이제 하늘에 계시는 하나님께서는 "당신은 기꺼이 자신을 그분의 손 안에 절대적으로 순종시키겠는가?"라는 한 가지 요구를 하심으로 당신 자신과 주위에 축복이 임하기를 간구했던 기도에 응답하십니다. 그분의 요구하심에 대한 우리의 응답은 어떠해야 합니까?

무엇보다도 하나님께서 우리에게서 요구하시는 것은 절대적인 순종입니다. 그렇습니다. 절대적인 순종은 바로 하나님의 본성에 그 근원을 두고 있습니다. 하나님은 누구이십니까? 그분께서는 생명의 원천이시요 존재와 능력과 경건의 유일한 근원으로서 온 우주에 하나님께서 역사하신 것 외에는 선한 것이 한 가지도 없습니다. 하나님께서는 해와 달과 꽃과 나무와 풀을 창조하셨습니다. 하나님께서 창조하신 해와 달과 꽃과 풀이 모두 그분께 절대적으로 순종하고 있지 않습니까? 그것들은 하나님께서 그분의 기뻐하시는 것을 자신들 안으로 역사하시도록 허락해드리고 있지 않습니까? 하나님께서 백합을 그 아름다움으로 옷 입히실 때 그것은 그분께서 백합 안에서 일하시도록 순종하고 복종하며 맡겨드린 것이 아니겠습니까? 하나님의 구속받은 자녀들인 우리가 절반만 혹은 일부분만 순종한다면 하나님께서 어떻게 그분의 일을 하실 수 있으시겠습니까? 하나님께서는 일부분의 순종만으로는 일하실 수 없으십니다. 생명이시요 사랑이시며 축복이시요 능력이시며 극히 아름다우신 하나님께서는 그분을 받아들일 준비가 되어 있는 모든 자녀들과 교제하기를 기뻐하시지만 절대적인 순종이라는 한 가지 결핍이 유일하게 하나님을 방해하는 요소가 됩니다. 그러나 이제 그분은 오셔서 하나님으로서 우리에게 절대적인 순종을 요구하십니다.

당신은 일상생활의 예를 통해 절대적으로 순종하는 것이 무엇인지 알고 있습니다. 당신은 모든 것이 그 특별하고 명확한 목적과 봉사 앞에 포기되어야 한다는 것을 알고 있습니다. 내 주머니에는 펜이 한 자루 있는데, 그 펜은 절대적으로 작문이라는 한 가지 사역에만 순종해야 합니다. 내가 펜으로 잘 쓸 수 있으려면 펜은 내 손에 절대적으로 복종해야만 합니다. 만일 다른 이가 그 펜의 일부를 잡는다면 나는 제대로 쓸 수 없게 될 것입니다. 마찬가지로 내가 코트를 입으려면 내 코트 또한 내 몸을 덮기 위해 절대적으로 내 몸에 순종하지 않으면 안 됩니다. 당신이 전적으로 자신을 그분께 양도하지 않는다면 당신의 불멸의 존재 즉, 당신이 거듭남으로 받은 신성한 본성 안에서 하나님께서 매일 매시간 그분의 일을 하실 수 있으시리라고 기대할 수 있겠습니까? 하나님께서는 우리의 절대적인 순종 없이는 어떤 것도 하실 수 없습니다. 솔로몬의 성전이 하나님께 봉헌되었을 때 그것은 그분께 절대적으로 순종했습니다. 하나님께 대한 절대적인 순종이라는 한 가지 조건이 충족될 때 우리 모두는 하나님께서 거하시고 강하게 역사하실 그분의 성전입니다. 하나님께서는 우리에게 절대적인 순종을 요구하시고 그분께서는 그러한 순종을 받으시기에 합당하시며 절대적인 순종 없이는 하나님께서 우리 안에 그분의 복된 역사를 행하실 수 있는 길이 없습니다.

여기에서 내가 말하고자 하는 두 번째는 하나님께서는 그것을 요구하실 뿐만 아니라 친히 그것을 이루어내실 것이라는 점입니다. 내가 확신하건대 많은 사람이 "아! 절대적 순종은 얼마나 많은 것을 함축하고 있는지!"라고 말합니다. 얼마 전 나는 "저는 수많은 시험과 고통을 통과했으나 여전히 자아 생명이 너무도 많이 남아 있습니다. 이 자아가 앞으로 많은 문제와 고뇌를 일으킬 줄 알기 때문에 감히 그것을 완전히 포기할 수 없습니다."라고 호소하는 쪽지를 받은 적이 있습니다. 하나님의 자녀가 그분에 대해서 그런 잔혹한 생각을 갖고 있다니 슬픈 일이 아닐 수 없습니다. 하나님께서는 당신에게 스스로의 힘이나 스스로의 의지의 능력으로 완벽하게 순종하기를 요구하시지 않으십니다. 하나님께서는 기꺼이 당신 안에서 순종을 완전하게 이루어내실 것입니다. "너희 안에 행하시는 이는 하나님이시니 자기의 기쁘신 뜻을 위하여 너희로 소원을 두고 행하게 하시나니"(빌 2:13)라는 말씀을 읽지 않았습니까? 영존하시는 하나님께서 친히 당신의 마음 안에 들어오셔서 틀린 것을 내어쫓으시고 악한 것을 정복하시며 그분 보시기에 기뻐하시는 것을 역사해내실 것을 신뢰하십시오. 하나님께서 친히 당신 안에서 그러한 일을 이루어내실 것입니다.

구약 성경의 아브라함과 같은 사람들을 주목하십시오. 당신은 하나님께서 믿음의 조상이자 하나님의 친구인 그 사람을 찾아내신 것과 그러한 믿음과 순종과 헌신을 가진 이가 하나님께로 따로 분별된 바로 그 아브라함이었다는 사실이 우연이라고 생각하십니까? 당신은 그렇지 않음을 알 것입니다. 하나님께서는 그분의 영광의 도구로 그를 양육하시고 예비하셨습니다. 하나님께서 바로에게 "내가 너를 세웠음은 나의 능력을 네게 보이기 위함이니라"고 말씀하시지 않으셨던가요? 하나님께서 바로에게 그렇게 말씀하셨다면 그분의 자녀들에게 더욱 그렇게 말씀하지 않으시겠습니까? 만일 자신의 갈망이 충분히 강하지 않고 모든 것을 정복할 수 있다고 말할 충분한 담력이 없다고 느끼는 것에 대한 두려움이 있다면 나는 당신이 당신의 하나님을 전적으로 신뢰하고 충분히 알기를 배우도록 기도하겠습니다. 당신에게 있는 희미한 갈망을 가지고 그분께 나아와 말하십시오. "나의 하나님이여, 당신께서 나로 소원을 두게 하신다면 기꺼이 원하겠나이다." 만일 당신을 제지하고 있는 어떤 것이 있다면, 당신이 어떤 희생을 하기를 두려워한다면, 즉시 하나님께로 나아가 당신의 하나님께서 얼마나 은혜로운 분이신지 입증하십시오. 하나님께서 주시지 않은 것을 당신에게 요구하실까 두려워하지 마십시오. 하나님께서는 당신 안에 이러한 절대적인 순종을 이루어내려 하십니다. 당신 마음속에 있는 이 모든 찾음과 배고픔과 갈망은 신성한 자석이신 그리스도 예수의 견인(牽引)입니다. 그분께서는 절대적인 순종의 삶을 사셨습니다. 그분께서는 당신을 소유하시고 성령으로 당신 마음속에 살고 계십니다. 이러한 분께서 당신 안에 절대적인 순종을 이루어내실 것임을 신뢰하지 않겠습니까?

내가 절대적인 순종에 대하여 말하고자 하는 세번째 요점은 하나님께서는 절대적인 순종을 요구하시고 그것을 우리 안에서 이루어내시지만, 우리가 그것을 그분께로 가져갈 때 그것을 받아들이신다는 것입니다. 하나님께서는 그것을 우리 마음의 은밀한 곳에서 이루십니다. 하나님께서는 우리가 와서 그것을 말하도록 그분의 성령의 감추인 능력으로 권하시고 우리는 절대적인 순종으로 그분께 복종해야 합니다. 당신의 감정이나 의식은 당신의 순종이 매우 불완전하다고 느끼고, 이에 대해 당신은 의심하고 주저하며 "내가 하는 순종이 절대적인 것인가?"라고 말할지도 모릅니다. 그러나 그리스도께서 "할 수 있거든이 무슨 말이냐 믿는 자에게는 능치 못할 일이 없느니라"고 말씀하셨던 사람을 기억하십시오. 그는 두려운 마음으로 "주여, 내가 믿나이다. 나의 믿음 없는 것을 도와주소서."라고 부르짖었습니다. 그의 믿음은 마귀를 이겼고 악한 영은 쫓겨났습니다. 만일 당신이 "주여, 내 자신을 절대적인 순종 안에 놓습니다."라고 말한다면 절대적인 순종이 당신에게 이루어질 것입니다. 비록 그러한 고백이 "나는 능력을 느낄 수 없다. 나는 확신을 가질 수 없다."라는 떨리는 마음과 의식 가운데 행해진다 할지라도 말입니다. 당신이 떨림 가운데 있을지라도 성령의 능력은 역사할 것입니다.

사람들 편에서는 모든 것이 약한 듯하지만 성령께서는 전능한 능력으로 일하신다는 교훈을 아직도 배워본 적이 없습니까? 겟세마네에서의 주 예수 그리스도를 보십시오. 그분께서는 영원하신 성령으로 말미암아 자신을 하나님께 희생 제물로 드리셨습니다. 전능하신 하나님의 영께서는 주 예수 그리스도로 하여금 그렇게 하실 수 있게 하셨습니다. 그러나 얼마나 고통스럽고 두렵고 엄청난 슬픔이 그분을 엄습하였으며 그분께서는 어떻게 기도하셨는지! 외적으로 당신은 그 모습에서 성령의 전능한 능력의 표시를 볼 수 없지만 하나님의 성령께서 거기에 계셨습니다. 당신이 약하여 싸우며 떨고 있다 할지라도 하나님의 영의 감추인 역사에 대한 믿음 안에서 두려워말고 자신을 굴복시키십시오.

당신이 절대적인 순종으로 자신을 굴복시킬 때 하나님께서 지금 그것을 받아들이신다는 믿음 안에서 순종하십시오. 이러한 것은 매우 중요한 것인데도 우리가 때때로 놓치게 되는 것입니다. 믿는이들은 이러한 순종의 문제에 있어서 하나님으로 점유되어야 합니다. 당신은 그것을 느끼지 못할 수도 있고 깨닫지 못할 수도 있지만 하나님께서는 당신이 그분을 신뢰한다면 당신을 사로잡으실 것입니다.

절대적인 순종에 관한 네 번째 요점은 하나님께서 절대적인 순종을 유지시키신다는 것입니다. 하나님께서는 우리에게 절대적으로 순종할 것을 요구하시고 그것을 이루어내시며 우리가 그것을 그분께 가져갈 때 받아들이실 뿐 아니라 절대적인 순종을 유지시키십니다. 쉬임없이 절대적으로 순종하는 것은 많은 사람에게 큰 어려움입니다. 사람들은 "나는 자주 모임과 집회에서 깊이 감동되어 자신을 하나님께 헌신했지만 그러한 헌신이 사라져버렸다. 일 주일이나 한 달 동안 그러한 헌신이 지속될 수 있겠지만 점점 희미해지기 시작하여 결국 시간이 어느 정도 지난 후에는 완전히 사라져버린다는 것을 알고 있다."고 말합니다.

그러한 것은 당신이 하나님께서 당신 안에 절대적인 순종을 이루어내시기 시작하실 때, 그리고 그분께서 당신의 순종을 받아들이실 때 그분께서 친히 당신의 절대적인 순종을 돌보시고 지키시려는 태도를 취하심을 믿지 않음으로 인한 것입니다.

　이러한 순종의 문제에는 영존하시고 전지전능하신 여호와이신 '하나님'과 한 마리 '벌레'에 지나지 않은 나라는 두 존재가 있습니다. 당신은 벌레인 자신을 하나님께 의탁하는 것을 두려워하겠습니까? 하나님께서 하실 것입니다. 어떤 하나님의 종이 한 번은 모든 사람이 "내가 이것을 할 수 있음과 내가 너를 매일 매순간 끊임없이 지킬 수 있음을 믿느냐"라고 물으시는 그분의 음성을 들을 수 있도록 간구하며 기도한 적이 있습니다.

　하나님께서 태양이 매순간 방해받지 않고 당신을 비추도록 허락하셨다면 그분께서 당신에게 그분의 생명을 매순간 비추시지 않으시겠습니까? 그런데 당신이 그것을 경험하지 못하는 이유는 무엇입니까? 그 이유는 당신이 그에 대해 하나님을 신뢰하지 않았고 그러한 신뢰 가운데 자신을 하나님께 절대적으로 순종하여 드리지 않은 데 있습니다.

　절대적인 순종의 생활에 어려움이 따른다는 것을 부인하지 않겠습니다. 그렇습니다. 그 어려움은 단순한 어려움 이상의 것입니다. 그리힌 생활은 사람들에게는 절대적으로 불가능한 생활입니다. 그러나 완전한 순종의 생활은 하나님의 은혜와 그분의 능력과 우리 안에 거하시는 성령의 능력에 의해 우리에게 가능해지는 생활이요 우리에게 예정된 생활입니다. 하나님께서 그러한 생활을 유지시켜주실 것을 믿읍시다. 죠지 뮐러가 아흔 번째 생일을 맞은 날, 그가 가진 행복과 하나님께서 그를 방문하신 모든 축복의 비결이 무엇인지 질문받았습니다. 그는 자신이 그러한 축복을 받은 데에는 두 가지 이유가 있다고 믿는다고 말했습니다. 그 중 하나는 은혜로 인해 날마다 하나님 앞에서 선한 양심을 지킬 수 있었던 것이었고 다른 하나는 그가 하나님의 말씀을 사랑하는 사람이었다는 것이었습니다. 날마다 하나님을 향한 성실한 순종 안에서 선한 양심을 갖고 말씀과 기도 안에서 하나님과 매일 교통하는 것, 바로 이것이 절대적인 순종의 생활입니다.

그러한 생활에는 두 가지 면이 있는데, 하나님께서 내가 하기를 원하시는 사역에 절대적으로 순종하는 것이 한면이고, 하나님께서 하시길 원하는 사역을 하나님께서 하시도록 절대적으로 순종하는 것이 또 다른 면입니다.

먼저, 하나님께서 내게 원하시는 것을 하는 것에 대해 다루겠습니다. 이를 위해 당신 자신을 하나님의 뜻에 절대적으로 양도하십시오. 당신은 그 뜻의 일부를 알 수도 있고 혹은 충분히 안다고 할 수 없고 혹은 전혀 모를 수도 있습니다. 그러나 단순히 주 하나님께 말씀드리십시오. "매일 매순간 당신의 은혜로 모든 일에서 당신의 뜻을 행하기를 갈망합니다. 주 하나님이시여, 내 혀끝의 말이 아니라 당신의 영광을 위해서, 내 감정의 흥분이 아니라 당신의 영광을 위해서, 내 마음속의 사랑이나 증오가 아닌 당신의 영광을 위해서, 당신의 복된 뜻에 따라 행하기를 원합니다." 어떤이는 이에 대해 "당신은 그것이 가능하다고 생각하십니까?"라고 물을 수도 있습니다. 나는 이 질문에 대해 "하나님께서 당신에게 무엇을 약속하셨으며 하나님께서 그분께 절대적으로 순종하는 그릇을 채우시기 위해 무엇을 하실 수 있으십니까?"라고 대답하겠습니다. 하나님께서는 우리가 기대하는 이상의 방식으로 우리를 축복하시려고 기다리십니다. 하나님께서 그분을 기다리는 이들을 위해 예비해두신 것은 처음부터 귀로 들은 바도 아니요 눈으로 본 바도 아닙니다. 하나님께서는 전대미문의 축복을 예비해두셨습니다. 하나님께서 예비하신 것은 결코 생각할 수 없는 것이며 상상할 수 있는 것보다 훨씬 더 놀랍고 마음에 품을 수 있는 것보다 더 전능한 축복입니다. 그것들은 신성한 축복입니다. 즉시 와서 "나는 하나님과 그분의 뜻과 하나님께서 원하시는 것에만 자신을 절대적으로 드립니다."라고 말하십시오. 당신으로 하여금 그러한 순종을 수행할 수 있게 하시는 이는 바로 하나님이십니다.

다음은 순종의 생활 중 두 번째 면에 관한 것입니다. 하나님께서

하시길 원하는 사역을 하나님께서 하시도록 절대적으로 순종하기 위해 그분께 와서 "당신께서 약속하신 바와 같이 내 안에서 당신의 선한 기쁘심과 뜻을 행하시도록 당신께 제 자신을 절대적으로 양도하여 드립니다."라고 말하십시오. 그렇습니다. 살아 계시는 하나님께서는 우리가 이해할 수 없는 방식으로 그분의 자녀들 안에서 역사하시기를 원하십니다. 그러한 원하심에 대한 하나님의 말씀은 이미 계시되었습니다. 그분은 매순간 우리 안에서 역사하시기를 원하십니다. 하나님께서는 순종의 생활을 지속시키길 원하십니다. 단, 우리의 절대적인 순종이 단순하고 어린아이와 같으며 속박되지 않은 믿음의 순종이 되게 하십시오.

우리는 이제 절대적인 순종에 대한 마지막 요점에 이르렀습니다. 하나님께 대한 절대적인 순종은 하나님으로 하여금 놀라우리만치 우리를 축복하시게 합니다. 아합 왕이 그의 대적 벤하닷에게 한 "내 주 왕이여 왕의 말씀같이 나와 나의 것은 다 왕의 것이니이다"라는 말을 우리의 하나님이시요 사랑하는 아버지께 해드리지 않겠습니까? 우리가 그렇게 말한다면 하나님의 축복이 우리 위에 임할 것입니다. 하나님께서는 당신이 세상으로부터 분별되기를 원하십니다. 당신은 하나님을 미워하는 세상에서 나오도록 부르심받았습니다. 하나님을 위해 세상으로부터 나와서 말하십시오. "주여, 당신을 위해서라면 어떤 것이라도 하겠나이다." 만일 당신이 이렇게 기도함으로 하나님의 귀에 들려드린다면 그분께서는 그 기도를 받으시고 그것이 의미하는 바를 당신에게 가르쳐주실 것입니다.

반복하여 말하거니와 하나님께서는 당신을 축복하실 것입니다. 당신은 축복을 구하는 기도를 해왔습니다. 그러나 반드시 기억할 것은 거기에는 절대적인 순종이 전제되어야 한다는 것입니다. 이러한 사실은 차와 컵의 예로 잘 설명될 수 있습니다. 차가 어떻게 해서 컵으로 쏟아부어질 수 있겠습니까? 그것은 컵이 차를 위해 비어 있기 때문에 가능합니다. 그러나 잉크나 식초나 포도주가 컵에 채워져 있다면 차를 컵에 채울 수 있겠습니까? 당신이 절대적으로 하나님께 순종하지 않는데도 하나님께서 당신을 채워주시며 당신을 축복하실 수 있겠습니까? 하나님께서는 그렇게 하실 수 없으십니다. 당신이 연약한 의지로 그러나 믿는 마음으로 "오 하나님, 당신의 요구를 받아들이겠습니다. 저는 당신의 것이며 제가 가진 모든 것도 당신의 것입니다. 절대적인 순종은 신성한 은혜로 당신을 향한 제 영혼의 굴복입니다."라고 말하기만 한다면 하나님께서 놀라운 축복을 주시리라는 것을 믿으십시오.

당신은 이제껏 갖기를 원했던 것과 같이 구원에 대해 그렇게 강하고 분명한 느낌을 갖지 못할 수도 있습니다. 그러나 그분의 시각으로 자신을 낮추어 당신이 자아의 뜻과 자기 확신과 자기 노력에 의해 성령을 근심케 했다는 것을 인정하십시오. 이를 고백함으로 하나님 앞에 겸손히 굴복하고 그분께서 당신의 마음을 깨뜨리심으로 당신을 그분 앞에서 티끌 가운데로 인도하시도록 간구하십시오. 당신이 자신을 그분 앞에 굴복시킬 바로 그때 당신의 육체 안에 선한 것이 거하지 않으며 당신 안으로 들어와야 할 다른 생명 외에는 어떤 것도 당신을 도울 수 없다는 하나님의 가르치심을 받아들이십시오. 당신은 영단번에 자아를 부인해야 합니다. 매순간 자아를 부인하는 것이 당신의 생활의 능력이 되어야 하며 그때 그리스도께서 당신 안에 들어오셔서 당신을 소유하실 것입니다.

베드로는 언제 구원받았습니까? 베드로에게서 변화가 성취된 것은 언제입니까? 베드로의 변화는 그가 우는 것으로 시작되었습니다. 성령께서 강림하셔서 그의 마음을 충만케 하셨습니다. 하나님 아버지께서는 우리에게 성령의 능력을 주시길 원하십니다. 우리에게는 우리 안에 거하시는 하나님의 성령이 계십니다. 우리는 그 사실을 고백하며 이를 인해 하나님을 찬양하며 그분께 나아감과 동시에 우리가 성령을 얼마나 슬프게 했는지를 또한 고백합니다. 그리고 아버지께 무릎을 꿇고 그분께서 속 사람 안에서 성령에 의해 모든 능력으로 우리를 강건케 히시고 그분의 전능한 능력으로 우리를 채우시기를 구합니다. 성령께서 우리에게 그리스도를 계시하실 때 그리스도께서는 오셔서 우리 마음에 영원히 사시고 자아 생명은 쫓겨나게 될 것입니다.

하나님 앞에 겸손히 굴복하여 온 교회의 상태를 그분 앞에 겸손한 마음으로 고백하십시오. 어떤 말로도 이 땅에 있는 그리스도의 교회의 슬픈 상태를 다 묘사할 수 없습니다. 단지 당신 주위에 있는 그리스도인들에 대해서 생각해 보십시오. 우리 주위에 있는 이들 중에 그리스도인은 하나님의 뜻에 완전히 순종한 사람이라는 진리에 대한 인식이 있는 사람이 거의 없고 하나님께 헌신하거나 능력 있는 사람이 거의 없습니다. 오, 우리는 우리 주위에 있는 하나님의 백성들의 죄를 자백하고 자신을 낮출 필요가 있습니다. 우리는 질병이 있는 몸의 구성원들입니다. 만일 우리가 하나님께 나아가 세상과 짝한 것과 서로에 대한 냉혹함에서 분별시켜주시기를 구하지 않는다면, 그리고 자신을 포기하여 온전하고도 전적으로 하나님을 위하지 않는다면 그 몸의 질병은 우리를 방해하고 파괴시킬 것입니다.

얼마나 많은 일들이 육체의 영과 자아의 능력 안에서 행해져왔는지! 얼마나 많은 일들 속에서 날마다 사역에 대한 우리의 뜻과 생각 등의 인간의 에너지가 끊임없이 표현되고 하나님과 성령의 능력을 기다리는 것은 적었는지 고백합시다. 그러나 우리가 교회의 상태와 우리 가운데 있는 하나님을 위한 사역의 연약함과 죄로 충만함을 자백할 때 우리 자신에게로 돌이킵시다. 자아 생명의 능력으로부터 구원받기를 진실로 갈망하는 이는 누구이며 그것이 자아와 육체의 능력임을 진정으로 인정하는 이는 누구이며 그리스도의 발 아래 기꺼이 모든 것을 던지기를 원하는 이는 누구입니까? 거기에 구원이 있습니다.

나는 열렬한 그리스도인이었던 사람에 대해 들은 적이 있는데, 그는 분별과 죽음이 잔혹한 것이라고 이야기했습니다. 그러나 당신은 그렇게 생각지 않을 것입니다. 죽음은 그리스도를 영광으로 이끈 지름길입니다. 자신 앞에 놓인 즐거움을 위하여 그분께서는 십자가를 참으셨습니다. 십자가는 그분의 영원한 영광의 출생지입니다. 당신은 그리스도를 사랑하십니까? 당신은 그리스도 안에 있길 갈망하지만 그분과 같이 되길 원치 않는 것은 아닙니까? 죽음, 즉 자아에 대한 죽음과 그리스도와의 교통이 당신이 이 땅에서 가장 소망하는 것이 되게 하십시오. 당신은 세상으로부터 완전히 벗어나 분별되며 그러한 분별에 의해 하나님과 그분의 사랑과 연합되며 분별에 의해 매일 하나님과 살고 행하도록 예비된다는 것이 어려운 일이라고 생각하십니까? 분명히 당신은 "하나님과 그리스도와 완전한 교통의 생활을 하기 위해 저를 분별과 죽음으로 데려가주소서."라고 말해야 합니다. 오! 이러한 자아 생명과 육체의 생명을 예수의 발 앞에 던지십시오. 그리고 나서 그분을 신뢰하십시오. 그에 대해 모든 것을 이해하려고 애쓰며 두려워하지 말고 그리스도께서 그분의 죽음과 그분의 생명 능력으로 당신 안으로 들어오시도록 살아 있는 믿음 안으로 들어오십시오. 그렇다면 성령께서 전체의 그리스도, 즉 십자가에 못박히신 그리스도와 부활하신 그리스도와 영광 안에 살아 계신 그리스도를 당신 마음속으로 모셔다드릴 것입니다.

7/ 우리의 생명이신 그리스도

"우리의 생명이신 그리스도"(골 3:4)

내가 확신하건대 순종에 참여했던 많은 사람들이 마치 내가 느꼈던 것처럼 "오 하나님, 우리는 어찌 이토록 순종을 이해하지 못합니까?"라고 느꼈을 것이며 "주여, 하나님, 만일 우리가 그것이 의미하는 바가 무엇인지 진정으로 알고자 한다면 당신 자신이 반드시 우리를 점유하셔야 합니다."라고 기도했을 것입니다. 그러나 비록 절대적 순종의 체험과 능력이 즉시 오지 않는다 하더라도 우리 편에서의 믿음으로 말미암아 그분께서 우리를 받아들이시리라는 것과 체험과 능력이 임할 때까지 하나님 앞에서 우리의 태도를 견고히 하는 것이 우리의 몫이라고 믿습니다.

여기서 조금 덧붙이고자 하는 것은 만일 우리가 지속적으로 절대적인 순종을 유지하고 끝까지 살아나타내고자 한다면 반드시 그리스도께서 새로운 능력으로 우리 생명 안으로 들어오시도록 해야 한다는 것입니다. 우리가 하나님께 이끌릴 수 있는 것은 오직 그리스도 안에서입니다. 하나님께서 우리 곁에 가까이 오실 수 있는 것도 그리스도 안에서입니다. 우리는 "우리의 생명이신 그리스도"를 소유할 필요가 있습니다. 우리에게 필요한 것은 우리가 하나님께서 다른이들 안에서 행하시기를 구하는 그것이 우리 안에서도 완전하게 행해지는 것입니다. 우리는 하나님께서 그리스도를 계시하사 우리를 완전히 소유하시기를 원합니다. 그럴 때 그리스도께서 우리가 구하거나 생각하는 이상의 것을 우리를 통해 역사하실 수 있을 것입니다.

'그리스도는 우리의 생명'이라는 이 위대한 진리를 설명하는 데 있어서 내가 당신에게 들려주고 싶은 아주 간단한 네 가지 예가 있습니다. 만일 우리가 그 진리를 이해하고자 한다면, 먼저 우리의 본으로서 우리 앞에 계시는 그리스도, 둘째, 우리를 위한 화해 제물이신 그리스도, 셋째, 죄로부터 우리를 구원하신 구원자로서 우리와 함께하시는 그리스도, 마지막으로, 우리의 힘과 우리의 생명으로서 우리 안에 계시는 그리스도에 대해 깊이 고려해 볼 필요가 있습니다.

그리스도께서 우리의 생명이 되시려면 우리는 가장 먼저 우리의 본으로서 우리 앞에 계시는 그리스도를 보아야만 합니다. 우리의 생명이신 그리스도에 대해 말할 때, 그것은 모호한 것이어서는 안 되고 반드시 그것이 어떠한 것인지 우리가 아는 것이어야 합니다. 생명은 늘 행동과 행위로 표현됩니다. 그러므로 만일 그리스도께서 나의 생명으로 내 안에 들어오신다면 그것은 내 마음에 숨겨진 것일 뿐만 아니라 내 존재의 매순간과 모든 행동에서 증거되는 어떤 것임에 틀림없습니다. 우리가 만일 그리스도께서 우리의 생명이 되심이 어떻게 보여질지, 우리가 그리스도의 생명을 소유하고 있을 때 우리의 감정과 말과 행동과 습관이 어떻게 표현될지 알고자 한다면, 우리는 이 땅에서 사셨던 주 예수의 삶을 연구할 필요가 있습니다. 그리고 우리가 하나님의 사랑하시는 아들의 삶과 행함에 대해 연구할 때, 우리는 하나님께서 예수를 하늘로 데려가시기 전에 먼저 그분을 이 땅에 살게 하셨다는 것과, 우리 하나님께서 우리에게서 보기를 원하시는 모습과 그분이 우리를 빚고자 하시는 모습에 대한 그림과 계시와 온전한 설명을 그분의 삶으로부터 얻을 수 있음을 기억해야 합니다. 이러한 빛 안에서 우리는 사복음서에 있는 그리스도의 삶을 연구해야 합니다.

그렇다면 우리가 그리스도를 바라볼 때 발견하게 되는 것은 무엇입니까? 우리는 이미 하나님께 절대적으로 순종하는 것에 대해 심사숙고해 보았습니다. 이러한 절대적인 순종이 바로 그리스도의 삶의 기초입니다. 그분은 하나님께 보내심받은 분으로, 하나님의 뜻을 성취하는 것 외에는 아무 것도 하지 않는 분으로서, 그분 자신 안에 아무 것도 소유하시지 않은 채 매일 하나님을 의지하고 하나님께서 그분을 가르치시고 그분을 통하여 말씀하시고 그분이 해야 할 사역을 그분에게 보여주시기를 기다리는 분으로서 세상에 오셨습니다. "아들은 스스로는 아무 것도 하실 수 없음이라." 그분께서는 하나님께 절대적으로 순종하신 삶을 사셨습니다. 그분께서는 하나님의 뜻과 하나님의 존귀와 하나님의 왕국을 위해 사시고 죽으셨는데, 그러한 삶은 강요에 의해 이루어진 것이 아니었습니다. 그분은 많은 그리스도인이 그러한 것처럼 하나님과의 연합을 잊어버리고 세상에 속한 것에서 안식을 구하는 식으로 살지 않으셨습니다. 많은 그리스도인들에게 있어서 종교란 억압이요 의무이므로 그 구속을 벗어 던져버리고 약간의 자유함을 누리는 것은 그들에게 매우 즐거운 일이 아닐 수 없습니다. 그러나 그리스도께서는 그렇게 하지 않으셨습니다! 하나님께서는 그리스도의 기쁨이시고 생수의 원천이시며, 하나님 안에서 하나님을 위하여 사시는 것이 그분의 기쁨이요 힘이었습니다. 하나님의 뜻은 그분의 음식이요 활력이요 힘이었습니다.

하나님께서는 다음과 같이 구하는 모든 사람들에게 오십니다. "나의 하나님이여, 제가 절대적으로 당신께 순종하겠다고 맹세했음을 당신께서 아십니다. 비록 그것이 연약함과 두렵고 떠는 가운데 이루어졌을지라도 그 맹세는 정직함과 올바른 상태에서 행해졌습니다. 그러나 나의 하나님, 그것은 무엇을 의미합니까? 제가 어떻게 그 생명을 살아야 합니까?" 아버지께서는 사랑하는 아들을 가리키시며 이렇게 말씀하십니다. "이는 내 사랑하는 아들이다. 그 안에서 나는 아주 기뻐하노라. 그의 말을 듣고 그를 따르며 그처럼 살며 그로 너희의 생명이 되게 하라."

그리스도께서 우리를 살피사 그리스도의 삶이 실제로 우리 삶의 안내자로 받아들여진 본이었는지를 발견케 하시도록 기도로 우리의 마음을 하나님께 굴복시키십시다. 나는 그러한 삶에 도달했는가를 말하고 있는 것이 아니라 실제로 "오, 그것은 얼마나 복된지! 오, 이것은 내가 갈망하던 것이다. 나는 그리스도께서 살았던 방식으로 하나님을 위해 살길 원한다."라고 말하였는지를 묻고 있는 것입니다. 이러한 원함은 너무 교만하고 주제넘은 것처럼 들립니다. 그러나 그분께서 "나와 같이 너희도 그러하라. 내가 너희를 사랑한 것같이 너희도 서로 사랑하라. 내가 내 아버지의 계명을 지킨 것같이 너희도 그의 계명을 지키면 내 사랑 안에 거하리라"고 말씀하신 것이 무엇을 의미하는지 생각해 보십시오. "너희는 예수 그리스도의 마음을 품으라. 예수 그리스도는 스스로를 위해 어떠한 명성도 추구하지 않았고 오히려 스스로를 낮추어 죽기까지 순종했다."라고 하셨을 때 성령께서 어떤 의미로 그렇게 말씀하셨겠습니까? 이 말씀은 우리 또한 그리스도가 살았던 방식대로 살아야 하며 살 수 있음을 말합니다. 그리스도의 마음은 반드시 나의 마음이요 나의 기질이요 나의 삶이어야 합니다.

많은 이들이 천국에서 영생을 얻기 원하지만 그리스도께서 이 땅에서 사셨던 삶은 원치 않은 채 그 길을 쉽게 만들어버립니다. 아! 슬프게도 그들에게는 그리스도를 정확하게 본받고 따르려는 생각이 전혀 없습니다. 그들은 그리스도에게 가까이 가는 것을 목적 삼지 않습니다. 그러나 만일 당신이 "아버지여, 당신께는 우리에게서 절대적인 순종을 취하실 권리가 있으시며 제 마음은 당신께 절대적으로 순종합니다."라고 정직하게 말한 적이 있다면, 와서 하나님께 "그리스도의 삶은 나의 것이 되어야 합니다."라고 말씀드리십시오.

두 번째로 만일 우리가 '우리의 생명이신 그리스도'라는 말이 의미하는 바가 무엇인지 알고자 한다면 우리는 우리의 본으로 우리 앞에 계시는 그리스도와 그분의 사역을 바라볼 뿐만 아니라 우리를 위한 화해 제물이신 그리스도 또한 바라볼 줄 알아야 합니다. 자신의 삶 가운데서 그리스도께서는 우리가 걸어야 할 길을 예비해두셨습니다. 그분께서는 자신의 발자취 안에서 우리가 따라야 할 본을 남겨두셨으며 우리가 영생에 이르는 길을 예정해 두셨습니다. 그러나 그것만으로는 충분치 않은데, 그 이유는 우리가 죄와 그로 인한 저주와 죽음으로 인해 그 길과 생명으로부터 단절되었기 때문입니다. 그러한 이유로 인해 은혜의 길을 예비하시고 예정해두신 이후에, 그리스도께서는 갈보리의 죽음과 고난 안으로 들어가 죽기까지 그분의 뜻을 하나님께 굴복시키셨습니다. 그곳에서 그분께서는 죄와 저주를 담당하셨습니다. 그분께서 징계를 받으심으로 우리가 평화를 누리고 그분께서 채찍에 맞으심으로 우리가 나음을 입었습니다. 그분께서는 보혈, '영원한 언약의 피'를 우리에게 주셨으며 이 보혈로 말미암아 우리는 하나님의 임재 안으로 들어갈 수 있는 권리를 얻었습니다. 그러므로 그리스도께서는 이제 공급하시는 대제사장으로서, 화해의 신성한 능력을 주시는 살아 계신 구원자로서 우리 마음에 계십니다. 우리가 하나님께 가까이 가는 것에 대해서, 우리 자신이 하나님을 섬기는 것에 대해서, 우리 자신을 하나님께 드리는 것에 대해서 생각할 때마다, "죄 가운데 있는 내가, 회심하여 그리스도를 영접한 후에도 본성이 죄로 충만하여 죄를 범하고 뒤로 물러나는 내가 실지로 날마다 하나님과 교제를 가질 수 있을까?"하는 생각에 사로잡히게 됩니다. 이에 대한 답은 다음에 제시되어 있습니다.

우리는 "예수의 피로 이미 가까워졌습니다." "예수의 피로 담대함을 얻어 그분께 더 가까이 나아갑시다."

　혹시 자신을 가치 없는 사람으로 여기기 때문에 위대한 순종, 즉 절대적으로 순종하는 것이 당신에게 두렵게 느껴지는 것은 아닙니까? 당신의 가치는 당신 자신 안에 혹은 당신의 헌신이 얼마나 강하고 올바른가에 있는 것이 아니라 그리스도 예수 안에 있습니다. 우리는 하나님의 말씀을 통하여 "제물을 거룩하게 하는 것은 제단"임을 볼 수 있으며 그리스도께서는 제사장이시요 '죽임당하신 어린양'이신 희생 제물이실 뿐 아니라 제단 자체이심을 압니다. 제단은 제 칠일에 일곱 번 피 뿌림을 받음으로 정결케 되었고 그 후 하나님께서는 그 제단이 가장 거룩한 제단이 될 것임을 말씀하셨습니다. 제단을 접촉하는 것은 무엇이든지 거룩해질 것입니다. 신약에서 우리는 '제물을 거룩케 하는 제단'에 대한 가르침을 받습니다. 그리스도께서는 우리의 제단이십니다. 우리는 두려워하며 "하나님께서 연약한 나를 받아주실 수 있을까?"라고 묻습니다. 하나님의 자녀들이여, 두려워하지 말고 나아오십시오. 매순간 우리가 하나님께 열납될 수 있게 해 주시는 살아 있는 제단, 영원한 화해 제물이신 그리스도께 자신을 맡기고 그 안에서 안식하십시오. 달콤한 의식과 믿음 안에서 하나님께 기대시기 바랍니다. 비록 자신이 아무리

가치 없고 나약할지라도 제단은 제물을 거룩하게 하고 예수님 안에서 그분께 의지한다면, 나의 하나님께서는 나의 연약함을 받아주시며 나는 그분의 눈에 그분을 기쁘시게 할 수 있는 사람입니다. 완전하고 즉각적인 용서가 있음을 말하기 위해 아직 회심하지 않은 이들의 구원과 위안을 위한 교리로서만이 아니라 하나님께 지속적으로 접근할 수 있는 능력으로서 이 진리를 붙들기를 추구하십시오. "만일 우리가 빛 가운데 행한다면 그 아들 예수 그리스도의 피가 우리를 모든 죄에서 깨끗케 하실 것이요". 아버지의 마음으로 들어가는 문이 매순간 열리는 것은 우리가 그리스도 안에 있을 때입니다. 매순간 위로부터의 신성한 생명의 내적인 흐름은 복되신 하나님의 어린양의 피 안에서 우리와 나의 마음으로 흘러들어올 수 있습니다.

셋째로, 나는 나의 본으로 내 앞에 계시는 그리스도, 나를 위한 화해 제물이신 그리스도뿐만 아니라 죄로부터 나를 구원하신 구원자로서, 나의 친구이자 인도자이시며 안내자로서 나와 함께하시는 그리스도를 소유하고 있습니다. 그렇습니다. 이러한 그리스도는 우리의 은혜로운 그리스도께서 떠나셨을 때 우리에게 하신 귀한 약속이었습니다. "내가 항상 너희와 함께하리라." 이 말씀을 하시기 이전, 제자들이 그분을 잘 이해할 수 없었을 때 그분께서는 "두세 사람이 내 이름으로 모인

곳에는 나도 그들 중에 있느니라."고 말씀하셨습니다.

우리가 깨달아야 할 것은 예수 그리스도께서는 세상의 가장 절친한 친구보다도 우리와 더 가까우신 분이라는 사실입니다. 만일 우리가 이 세상으로부터, 우리를 둘러싼 모든 사랑하는 얼굴과 친구들로부터, 우리에게 인사하는 모든 사랑하는 이들로부터 우리의 눈과 마음을 돌이켜 예수의 사랑과 기쁨과 얼굴에 견고하고 겸손하며 진실되게 고정시킨다면 그분께서는 자신을 아주 분명하게 나타내실 수 있으며 우리의 마음은 예수께서 나와 함께하신다는 의식으로 채워질 수 있을 것입니다. 예를 들어, 매일 아침 한 집안의 아버지가 일어날 때 그의 의식속에는 "나에게는 가족, 사랑하는 자녀와 사랑하는 아내가 있다. 우리는 아침 식사 때마다 만난다."라는 생각이 얼마나 깊이 자리잡고 있는지 알 것입니다. 그가 이렇게 생각하는 것은 매우 자연스러운 것으로서 그는 순간적으로 그러한 생각을 하게 되는 것이 아니라 그의 의식속에는 늘 그러한 생각으로 가득합니다. 그리스도께서 이 땅에서 가장 사랑하는 존재와 교제하는 것처럼 나에게 진근하고 투명하며 사랑스럽게 임재하실 수 있을까요? 그리스도께서는 그렇게 하실 수 있으시며 그렇게 하시기를 갈망하고 계십니다. 그분은 우리가 그렇게 하시도록 해야 할 가치가 있는 분이십니다.

예수 그리스도께서는 우리를 위해 이 복된 사역을 하실 수 있도록 우리와 함께 살고 함께 행하기를 원하십니다. 그분께서는 우리의 동반자로서 우리와 함께하기를 원하시므로 우리는 결코 홀로 있지 않을 것입니다. 구약에서 여호와께서 "내가 너희와 함께하리라"고 하신 약속 안에서 우리가 통과해야만 했던 어떤 시련도, 어려움도, 어떤 불과 물도 예수 그리스도 안에 있는 우리에게는 발생하지 않을 것입니다. 죄나 유혹과 싸워야 하는 어떠한 싸움과 우리는 나약한 자신일 뿐이라는 의식 속에서 우리를 두렵고 떨게 하는 나약함 가운데서도, 매순간 우리가 걸어야 하는 길을 보여주는 인도자이신 예수 그리스도와 그분의 임재로 우리를 위로하시며 우리의 마음을 기쁘게 하시는 동반자이신 예수 그리스도, 자신의 전능한 능력 안에서 우리를 지켜보고 계시며 하나님의 모든 선한 기뻐하심을 우리 안에 역사하심으로 죄로부터 구원하시는 구원자이신 예수 그리스도를 소유하는 것은 얼마든지 가능한 일입니다. 오, 하나님께서 절대적인 순종의 삶이 예수 그리스도 안에서 살아 나타내어질 수 있는 삶이며 그리스도 자신께서 우리를 돌보시고 지켜보심으로 살 수 있는 삶임을 보여주시기 원합니다.

이제 마지막으로 우리가 다루어야 할 것은 우리의 생명이자 힘으로서 우리 안에 계시는 그리스도입니다. 이것은 모든 것의 절정입니다.

생명이 어린 회심자들은 일반적으로 이 말을 잘 이해하지 못합니다. 많은 믿는이들은 오랜 시간 그리스도가 안내자이자 도움을 주는 분이심을 어느 정도 체험하면서 살아 왔지만, 내 안에 계시는 그리스도, 나의 생명이자 나의 힘이신 그리스도가 의미하는 바를 깨달은 적이 없습니다. 사도 바울이 말하는 것은 커다란 복음의 비밀인데, 이 비밀은 만세와 만대로부터 감춰어져 있다가 이제는 나타난 바 되었습니다. 그는 하나님의 백성의 비밀에 대해 말하면서 "이 비밀의 영광의 풍성은 너희 안에 계신 그리스도니"라고 말합니다. 하늘에 계신 우리 하나님의 풍성과 영광은 하나님께서 우리가 우리 안에 살아 계신 그분의 아들 그리스도를 소유하기 원하신다는 사실에서 우리에게 나타납니다. 오, 우리가 얼마 되지 않은 축복, 축복의 시초를 갈구하는 데 그치지 않고 우리의 전 생애를 예수 그리스도의 내주하심과 그분의 거룩케 하는 능력과 통제에 열어드릴 수 있기를 원합니다. 그리스도께서는 하나님의 능력이시며 우리는 그분을 더 많이 얻길 원하며 그분 전체를 얻기를 원합니다. 그뿐 아니라 우리는 우리 안에 계신 그리스도께서 성령에 의해 계시되시기를 원합니다. 그럴 때 하나님의 능력이 우리 안에서 우리를 통하여 역사할 것입니다.

침례자 요한은 '성령과 불로 침례받으신 그리스도를 전파했습니다.

그것은 우리에게 예수 그리스도께서 새롭고도 더 많은 분량으로 우리 안으로 흘러들어오서야 하는 분이심을 말해줍니다. 만일 하나님의 영의 능력이 우리의 생활과 교회에서도 드러나길 원한다면 우리는 반드시 그리스도와의 더 가까운 만남과 연합과 그리스도인들 가운데 거주하시는 그리스도에 대한 더 큰 계시를 소유해야 합니다. 축복은 그러한 때 임하게 됩니다. 예수께서 "나를 믿는 자는 그 배에서 생수의 강이 흘러나리라"고 말씀하시지 않으셨습니까? 그리스도께서 마음속에 오셔서 거주하시며 성령께서 흘러나오시는 원천이 되심은 우리의 믿음에 의해, 믿는 행위에 의한 것이 아닙니까? 사도 요한이 기록한 계시록 마지막 장에서 우리가 읽을 수 있는 것은 어떠한 것입니까? "또 저가 수정같이 맑은 생명수의 강을 내게 보이니 하나님과 및 어린양의 보좌로부터 나서". 그렇습니다. 어린양께서는 영광의 보좌에 앉아 계시고 그 보좌에서 생명수의 강이 흘러나왔습니다. 우리를 생명수 샘으로 인도하셔서 우리 마음에 공급하심으로 우리로 사람들 가운데서 사역할 수 있는 능력을 소유하게 하시는 분은 어린양이십니다. 우리가 갖게 되는 능력은 논리의 능력이나 인간적인 사랑, 열정, 간절함과 부지런함의 능력도 아닌, 하나님에게서 오는 능력입니다.

당신은 그 능력을 받을 준비가 되어 있습니까? 하나님께 절대적으로 순종하여 그 능력을 얻을 준비가 되어 있습니까? 당신은 진정으로 "주여, 저는 당신께 절대적으로 순종합니다. 연약하고 떠는 가운데에서 일지라도 순종하겠습니다. 당신께서 주실 수 있는 것이 무엇인지 거의 알지 못하지만 빈 그릇으로 정결케 되고 낮추어져 매일 매순간 당신의 발 앞에 엎드려 당신을 받듭니다."라고 말할 수 있습니까? 하나님께서는 그분을 기다리고 사랑하는 그분의 자녀들을 위하여 눈으로 보지 못하고 귀로도 듣지 못하고 사람이 생각할 수 없는 것을 하실 것입니다.

큰 기대를 갖고서 하나님과 더 친밀한 교통을 나누십시오. 그렇게 할 수 있는 길은 무엇입니까? 예수 그리스도께서 우리를 위해 그렇게 하실 수 있으십니다. 그리스도께서는 우리의 생명이십니다. 그분께서는 자신이 이 땅에 사셨던 것과 똑같은 삶을 우리 안에서 사실 것입니다. 그분께서 약속하신 대로 하실 것을 기대해 보십시오. 모든 죄와 모든 장애와 모든 단점과 자신을 정죄하는 모든 것을 가지고 나아가 그분의 발 앞에 던지면서 보혈이 그 모든 것을 정결케 하며 그분께서 구원하여 주실 것을 믿으십시오. 그리고 하나님께서 친히 성령의 능력으로 우리 안에 그리스도를 계시하실 것을 기대하고 받아들이시기 바랍니다.

8/ 우리는 늘 사랑할 수 있다

"성령의 열매는 사랑이니"(갈 5:22).

하나님께서 축복하실 수 없는 많은 중대한 이유들 중 하나는 사랑의 부족에 있습니다. 몸이 나누어질 때 몸에 힘이 있을 수 없습니다.

종교 전쟁 시기에 네덜란드가 스페인에 맞서 매우 씩씩하게 저항하였을 때 그들이 내건 모토 중 하나는 "단결은 힘을 준다."였습니다. 하나님의 백성이 한 몸으로 설 때, 하나님 앞에서 사랑의 교통 안에 하나로 섰을 때, 깊은 애정으로 서로를 향할 때, 세상이 볼 수 있도록 세상 앞에서 사랑 안에 하나 되었을 그때가 그들이 하나님께 요구하는 축복을 얻을 수 있는 능력을 갖게 되는 때입니다. 만일 그릇이 깨어져 산산조각났다면 그 그릇에 무언가를 채울 수 없을 것입니다. 당신은 조각난 그릇의 일부에 소량의 물만을 담을 수 있을 뿐입니다. 그릇에 뭔가를 채우려면 그릇이 온전해야 합니다. 이것은 그리스도의 교회에 대해서도 적용될 수 있는 진리입니다. 만일 우리가 여전히 기도해야 할 필요가 있는 한 가지가 있다면 이것입니다. "주여, 우리를 성령의 능력으로 하나 되게 하소서. 오순절에 사람들을 한 마음 한 혼으로 만들었던 성령으로 하여금 우리 가운데 그분의 복된 사역을 하게 하소서." 하나님을 찬양하십시오. 성령의 열매는 사랑이기 때문에 우리는 신성한 사랑 가운데 서로 사랑할 수 있습니다. 사랑을 위해 당신 자신을 포기하십시오. 그러면 성령께서 임하실 것입니다. 성령을 영접하십시오. 그러면 그분께서 당신이 더 사랑할 수 있도록 가르치실 것입니다.

이제 성령의 열매가 사랑인 이유가 무엇인지 살펴보십시다. 그 이유는 하나님께서 사랑이시기 때문입니다. 이것이 의미하는 바는 무엇입니까? 하나님과의 교통을 기뻐하는 것은 하나님의 본성이자 그분께 속한 것입니다. 하나님께서는 이기적이지 않으십니다. 하나님께서는 자신을 위해 아무 것도 소유하시지 않습니다. 하나님의 본성은 늘 주는 것입니다. 태양과 달과 별과 공중을 나는 모든 새와 바다에 있는 생물에게서 당신은 그 사실을 볼 수 있습니다. 하나님께서는 그분의 피조물에게 생명을 나누어주십니다. 보좌 주위의 천사들, 불꽃인 스랍과 그룹은 언제 그들의 영광을 소유합니까? 사랑이신 하나님께서는 그들에게 그분의 빛과 축복을 주십니다. 하나님께서는 그분의 자녀인 우리에게 그분의 사랑을 듬뿍 쏟으시길 원하십니다. 영원부터 하나님께 독생자가 있었고 아버지께서는 모든 것을 그에게 주셨지만 그에 대한 대가로는 아무 것도 받지 않으셨습니다. "하나님은 사랑이시라".

고대 교부들 중 한 사람은 삼위일체를 이해하는 데 신성한 사랑의 계시로써 이해하는 것보다 더 좋은 방법이 없다고 말했습니다. 그 신성한 사랑은 사랑하시는 분이시며 사랑의 원천이신 아버지요, 아버지의 사랑하는 자이시며 신성한 사랑이 쏟아부어진 사랑의 저수지인 아들이요, 아버지와 아들이 연합되어 이 세상으로 넘쳐흐르는 살아 있는 사랑이신 성령이십니다.

오순절의 성령, 아버지의 영, 그리고 아들의 영은 사랑입니다. 성령께서 우리와 다른 사람들에게 도달하실 때, 그분께서 하나님 안에 계실 때보다 사랑의 영이 더 감소될 수 있겠습니까? 그릴 수는 없습니다. 그분께서는 자신의 본성을 바꾸실 수 없으십니다. 하나님의 영은 사랑이며 "성령의 열매는 사랑입니다."

사랑은 인류에게 대단히 필요한 것입니다. 그리스도의 구속이 이루고자 했던 것은 이 세상에 사랑을 회복하는 것이었습니다. 사람이 타락하여 죄를 짓게 되었을 때, 그 일이 어떻게 해서 일어나게 되었는지 아십니까? 이기심이 승리한 것입니다. 사람은 하나님 대신에 자신을 추구했습니다. 보십시오! 아담은 즉시 자신을 타락케 한 여인을 고소하기 시작합니다. 하나님에 대한 사랑은 없어져 버리고 사람에 대한 사랑도 사라져버렸습니다. 다시 보십시오. 아담의 처음 두 아들 중 하나는 그의 형제를 죽인 살인자가 되었습니다. 이것은 죄가 이 세상에서 사랑을 빼앗았음을 우리에게 가르치는 것이 아닙니까? 세상의 역사가 상실된 사랑의 역사임이 얼마나 명명백백한지! 주 예수 그리스도께서는 하나님의 사랑의 아들로 하늘로부터 오셨습니다. "하나님이 세상을 이처럼 사랑하사 독생자를 주셨으니". 하나님의 아들께서는 사랑이 무엇인지를 보여주시기 위해 오셨습니다. 그리고 그분께서는 이 땅에서 가난하고 비천한 자들을 동정하시고 원수까지도 사랑하시면서 제자들과의 교통 가운데 사랑의 삶을 사시고 사랑의 죽음을 죽으셨습니다. 그분께서 하늘로 올라가셨을 때 누가 그분을 모셔 내렸습니까? 사랑의 성령께서 오셔서 이기심과 시기와 교만을 추빙하시고 하나님의 사랑을 사람의 마음으로 가져다주셨습니다. "성령의 열매는 사랑입니다."

당신은 요한복음 14장에서 성령의 약속을 볼 수 있습니다. 그러나

13장에서 무엇이 선행되어 기록되었는지를 기억하십시오. 그리스도께서는 성령을 약속하시기 전에 한 가지 새 계명을 주시면서 그 새 계명에 대해 놀라운 것들을 말씀하셨습니다. 그 계명 중 한 가지는 "내가 너희를 사랑한 것같이 너희도 서로 사랑하라."입니다. 그분께서 그들을 위해 돌아가신 사랑은 그들의 행동과 서로와의 교제에 있어서 유일한 법이 되었습니다. 교만과 이기심으로 가득한 이들에게 그것은 어떠한 메시지였는지! 그리스도께서는 "내가 너희를 사랑한 것같이 너희도 서로 사랑하는 것을 배우라"고 말씀하셨습니다. 그들은 하나님의 은혜로 그렇게 행할 수 있었습니다. 오순절이 이르렀을 때 그들은 한 마음과 한 혼이 되었는데, 그리스도께서 그들을 위해 그렇게 만드신 것입니다.

그분께서 더 말씀하셨던 내용은 어떤 것이었습니까? "너희가 서로 사랑하면 이로써 모든 사람이 너희가 내 제자인 줄 알리라". 그리스도께서는 그분의 제자들에게 "내가 너희에게 하나의 표지를 줄 것인데 그 표지는 사랑이다. 그 사랑이 너희의 특징이 될 것이다. 이 사랑은 모든 이로 하여금 나를 알 수 있게 만드는 하늘과 땅 위의 유일한 표이다."라고 강하게 말씀하셨습니다. 그러나 우리는 사랑이 이 세상에서 사라진 것을 두려워하기 시작하지 않습니까? 만일 세상 사람들에게 우리가 사랑의 표를 지닌 것을 본 적이 있느냐고 질문한다면, 그들은 본 적이 없다고 대답할 것입니다. 사랑이신 예수님의 표를 간직할 수 있도록 하나님께 구합시다. 하나님께서 우리가 구하는 대로 주실 것입니다.

"성령의 열매는 사랑입니다." 그 이유는 사랑 외에는 어떤 것도 우리의 이기심을 떨쳐버릴 수도, 정복할 수도 없기 때문입니다. 하나님과의 관계에 있어서든 동료와의 관계에 있어서든 동료 그리스도인과의 관계에 있어서든 자아를 찾고 추구하는 것은 엄청난 저주입니다. 자아는 우리에게 있어서 가장 큰 저주입니다. 그러나 하나님을 찬양하십시오. 그리스도께서 우리를 자아로부터 구속하시기 위해 오셨습니다. 우리는 때로 자신의 생명으로부터의 해방에 대해서 말합니다. 그러한 말들이 우리를 도우려는 목적으로 말해짐을 인해 하나님을 찬양하지만, 어떤 이들이 자아 생명으로부터의 해방이 자신이 하나님을 섬기는 데 있어서 더 이상 어떤 문제도 없을 것임을 의미한다고 생각할 뿐 날마다 모든 사람을 향해 사랑이 넘쳐흐르는 그릇이 됨을 의미한다는 것을 잊어버릴까 두렵습니다.

특정한 이유로 인해 많은 이들이 성령의 능력을 위해 기도합니다. 그들이 성령의 능력을 다소 받을 수 있긴 하지만 그들에게 임하는 성령의 능력은 얼마나 적은지! 왜냐하면 그들은 사역을 위한 능력과 축복을 위한 능력을 받고자 기도했을 뿐 자아로부터 완전한 해방을 위해 능력을 받고자 기도하지는 않았기 때문입니다. 그 자아는 하나님과의 교제에 있어서 의로운 자아를 의미할 뿐만 아니라 사람들과의 교제에 있어서 사랑이 없는 자아를 의미하기도 합니다. 그러나 해방이 있습니다. "성령의 열매는 사랑입니다." 나는 지금 당신을 그리스도의 영광스런 약속으로 인도해주고 있는 것입니다. 그분께서는 사랑으로 우리의 마음을 채워 주실 수 있으십니다.

우리 중 많은이가 사랑하려고 애쓰고 스스로에게 사랑하도록 강요합니다. 나는 그것이 잘못되었다고 말하는 것이 아닙니다. 그것은 하지 않는 것보다는 낫지만 그러한 노력의 결말은 항상 슬프게 끝납니다. 나는 계속해서 실패하고 그러한 실패는 자백되어져야 합니다. 간단히 말해 내가 실패하는 것은 성령께서 나의 마음속에 하나님의 사랑을 쏟아 부으실 수 있다는 진리를 믿고 받아들이는 것을 결코 배우지 못한 데에서 기인합니다.

"하나님의 사랑이 우리 마음에 부은 바 되었으니"라는 복된 말씀이 얼마나 제한적으로 이해되고 있는지 모릅니다. 이 말씀은 종종 "그것은 나에 대한 하나님의 사랑을 뜻한다."는 의미로 이해됩니다. 오, 얼마나 제한적인지! 그것은 단지 시작일 뿐입니다. 하나님의 사랑은 언제나 내주하는 능력으로서 완전하고 충분한 하나님의 사랑과, 사랑 안에서 그분께 돌아오게 하고 내 동료에게로 넘쳐흐르는 나에 대한 하나님의 사랑과, 하나님께 대한 나의 사랑과 동료에 대한 나의 사랑을 의미합니다. 나에 대한 하나님의 사랑과 하나님께 대한 나의 사랑과 동료에 대한 나의 사랑, 이 세 가지는 하나로서 당신은 그것을 분리시킬 수 없습니다. 하나님의 사랑이 당신의 마음과 내 마음에 부은 바 되어 우리도 늘 사랑할 수 있음을 반드시 믿으십시오.

당신은 "아! 내가 그에 대해 얼마나 이해하지 못했는지!"라고 말할 것입니다. 어린양이 늘 온순할 수 있는 것은 온순함이 양의 본성이기 때문입니다. 양이 온순해지기 위해 그 대가로 어떠한 수고를 하겠습니까? 아닙니다. 양은 매우 아름답고 온순합니다. 양이 온순해지는 것을 배웠겠습니까? 그렇지 않습니다. 그런데 양에게 있어서 온순함은 어찌 그리 쉽고 자연스러운지! 온순함은 양의 본성입니다. 어떻게 해서 늑대는 어떤 노력도 기울일 필요 없이 잔인하여 자연스럽게 불쌍한 양을 위협할 수 있겠습니까? 그것이 늑대의 본성이기 때문입니다. 늑대는 양을 위협하기 위해서 자신의 용기를 동원할 필요가 없는데, 이는 늑대의 본성이 그러하기 때문입니다.

사랑하는 법을 배울 수 있는 길은 무엇입니까? 하나님의 영께서 내 마음을 하나님의 사랑으로 채워주실 때, 내가 아주 이기적으로 추구했던 것과는 매우 다른 방식으로 하나님의 사랑을 갈망하기 시작할 때, 하나님께서 사랑이심을 배우고 그 사실을 선포하며 자기 희생을 위한 내주하는 능력으로 그것을 받아들이기 시작할 때, 나의 영광과 축복이 내 동료를 위해 모든 것을 포기하는 데 있어서 하나님과 그리스도처럼 되는 것임을 보기 시작할 때에서야 비로소 사랑하는 법을 배울 수 있게 됩니다. 하나님, 우리에게 가르쳐 주소서! 오, 사랑의 신성한 축복이여! 성령께서는 이로써 우리의 마음을 채워주실 수 있습니다. "성령의 열매는 사랑입니다."

내가 다시 한 번 묻거니와 왜 이렇게 되어야 합니까? 이것이 없이는 우리가 사랑의 삶을 살아낼 수 없기 때문입니다. 우리가 헌신된 생활에 대해 말할 때, 우리는 자주 성품에 대해 말할 수밖에 없습니다. 때로 어떤이들은 "당신은 성품을 너무 중시합니다."라고 말합니다. 나는 우리가 성품을 너무 중시할 수 있다고 생각지는 않습니다. 당신은 시계의 비늘들이 의미하는 바가 무엇인지를 압니다. 그 바늘들은 시계 안에 무엇이 있는지를 내게 말해줍니다. 내가 만일 시침이 멈춰있거나 잘못 가리키거나 시계가 너무 빠르거나 늦는 것을 본다면 나는 시계가 무언가 잘못되었음이 틀림없다고 말할 것입니다. 성품은 마치 시계 내부에 무엇이 있는가를 보여주는 것과 같습니다. 성품은 그리스도의 사랑이 마음을 채우고 있는지를 보여주는 증거입니다. 주님을 위하여 일하거나 기도 모임에 참여하거나 교회에 있을 때는 거룩케 되고 행복해지기는 쉬워도 아내와 자녀들과 함께 있을 때는 그렇지 못한 것이 사실입니다. 집 밖에서는 집 안에서보다 더 쉽게 거룩해지고 행복해질 수 있다는 것입니다. 하나님의 사랑은 어디에 있습니까? 하나님의 사랑은 그리스도 안에 있습니다. 그것을 갈망하고 요구하며 충분히 기대하는 것을 배운 적이 있습니까?

사랑에 대해 말할 때 거기에 혀(tongue)의 문제가 있습니다. 우리는 종종 더 나은 삶과 안식하는 삶에 대해 이야기할 때 혀에 대해서 언급합니다. 그러나 많은 그리스도인들이 그들의 혀에 어떤 자유를 주었는지를 생각해 보십시오. 그들은 "나는 내가 좋아하는 것을 생각할 권리가 있다."고 말합니다. 그런데 그들이 서로에 대해 말할 때, 이웃에 대해 말할 때, 다른 그리스도인들에 대해 말할 때, 얼마나 자주 날카로운 말들을 하는지! 그리스도를 위해 함께 동역하는 그리스도인들 가운데서 얼마나 자주 날카로운 비난과 판단과 성급한 의견, 미워하는 말, 서로에 대한 은밀한 경멸과 비난이 발견되는지! 그러나 마치 어머니의 사랑이 자녀를 덮어 그들을 기뻐하고 그들의 실패에 대해 가장 부드러운 동정심을 갖듯이 그리스도 안의 모든 형제 자매를 향해 어머니의 사랑과 같은 사랑이 모든 믿는이의 마음에 있어야만 합니다. 당신은 이러한 것을 목적 삼아 본 적이 있습니까? 당신은 이러한 것을 추구하고 간구해 본 적이 있습니까? 예수 그리스도께서는 "내가 너희를 사랑한 것과 같이 … 서로 사랑하라."고 말씀하셨습니다. 그분께서는 그 말씀을 다른 계명들 가운데 두시지 않고 "새 계명을 너희에게 주노니 … 내가 너희를 사랑한 것같이 너희도 서로 사랑하라"고 말씀하셨습니다.

하나님의 성령께서 능력으로 임하실 수 없는 이유는 무엇입니까? 성령께서 능력으로 임하시는 것이 불가능한 일이란 말입니까? 당신은 내가 이전에 그릇으로 설명한 것을 기억하고 있을 것입니다. 우리가 깨어진 그릇의 일부분에 약간 물을 떨어뜨릴 수 있지만 그릇을 물로 가득 채우려 한다면 그 그릇은 반드시 온전해야만 합니다. 하나님의 자녀들은 어디에서 함께 모이든, 그들이 속한 교회나 사회나 임무가 무엇이든간에 서로 사랑해야만 합니다. 그렇지 않으면 하나님께서 그분의 사역을 해내실 수 없습니다. 우리는 세상과 종교와 형식과 오류와 무관심으로 인해 하나님의 성령께서 근심하시는 것에 대해 말합니다. 그러나 하나님의 성령을 더욱 근심하시게 하는 것은 사랑의 부족입니다.

"성령의 열매는 사랑"이라는 사실을 배우는 이유는 무엇입니까? 그 이유는 하나님의 성령께서 오셔서 우리의 일상 생활 가운데 그분의 신성한 능력을 전시하시고 하나님께서 그분의 자녀들을 위해 하실 수 있는 것에 대한 계시를 보이셨기 때문입니다. 교회에 대해서 생각해 보십시오. 얼마나 분열되어 있는지! 다른 지체들에 대해 생각해 보십시오. 거룩함에 대해 의문을 갖는 것과 정결케 하는 보혈에 대해 의문을 갖는 것과 성령의 침례에 대해 의문을 갖는 것이 믿는이들 사이에 어떠한 분열을 일으키는지! 의견에 차이가 있을 수 있으나, 그것이 나를 괴롭히지는 않습니다. 우리는 모두 동일한 성격과 기질과 마음을 갖고 있지는 않습니다. 그러나 얼마나 자주 증오와 비통과 경멸과 분리와 미움이 하나님의 말씀의 가장 거룩한 진리에 의해 일어나는지 모릅니다! 종교 개혁의 시기에 루터교와 칼빈 교회 사이에서도 그러했습니다. 모든 믿는이들 사이의 연합을 의미했던 만찬 때 얼마나 비통한 일이 있었는지 알지 않습니까. 그렇게 시대를 거쳐 하나님의 가장 사랑스러운 진리는 우리를 분리시키는 산이 되었습니다. 만일 우리가 능력 있는 기도를 하고자 한다면, 만일 우리가 성령께서 능력으로 임재하시길 원한다면, 그리고 우리가 진실로 하나님께서 그분의 성령을 쏟아부어주시길 원한다면 우리는 반드시 하늘에 속한 사랑으로 서로 사랑하라는 하나님의 언약 안으로 들어가야만 합니다. 당신은 그렇게 할 준비가 되어 있습니까? 가장 싫고 가장 비천하며 가장 참을 수 없는 하나님의 자녀도 모두 받아들이기에 충분히 넓은 사랑만이 진정한 사랑입니다. 하나님을 향한 절대적인 순종에 대한 우리의 맹세는 우리를 충만케 하고 사랑의 종이 되게 하며 우리 주위에 있는 모든 하나님의 자녀를 사랑하게 하는 신성한 사랑에 대한 절대적인 순종을 의미하는 것이어야 합니다. "성령의 열매는 사랑입니다."

하나님께서는 그분의 우편에 그리스도를 앉게 하셨을 때 아버지의 마음과 그분의 영원한 사랑에서 나오는 성령을 보내사 위대한 어떤 일을 하셨습니다. 그런데 우리는 성령을 단지 자신의 사역을 하는 데 사용하는 능력으로 전락시켜버렸습니다. 하나님, 우리를 용서해주소서. 성령께서는 하나님과 그리스도의 생명과 본성으로 우리를 충만시키시는 능력으로 받아들여지셔야 하지 않겠습니까! "성령의 열매는 사랑입니다."

다시 한 번 묻고자 합니다. 왜 성령의 열매가 사랑입니까? 이에 대한 내답은 사랑은 그리스도인들이 진정으로 그들의 사역을 할 수 있는 유일한 능력이라는 것입니다. 그렇습니다. 그것이 바로 우리가 필요로 하는 것입니다. 우리는 우리를 서로 엮어줄 사랑뿐만 아니라 우리 주위에 있는 잃어버린 자들을 위한 신성한 사랑을 원합니다. 우리는 종종 마치 사람들이 박애주의의 일을 하는 것처럼 우리의 동료들을 위한 천

연적인 동정의 영으로, 혹은 목사나 친구가 그것을 요구하기 때문에 그리스도의 사역을 하고 있지는 않습니까?

사람들은 종종 불 침례가 무엇인지 묻습니다. 여러 번 대답한 바가 있듯이 갈보리에서 제물을 불살랐던 영원한 사랑의 불, 하나님의 사랑과 같은 불은 없습니다. 사랑의 침례야말로 교회가 필요로 하는 것이며 그것을 얻기 위해서는 고개를 숙여 하나님께 "주여, 하늘에서 온 사랑이 내 마음에 흐르게 하소서."라고 간구해야 합니다. 만일 하나님의 사랑이 우리 마음에 있다면 우리에게 얼마나 큰 변화가 일어나겠습니까? 사랑은 모든 어려움을 통과하여 불타는 불입니다. 당신은 아마도 수줍음이 많고, 말도 잘 못하며, 우유부단한 사람일 수 있습니다. 그러나 사랑은 모든 것을 태울 수 있습니다. 하나님께서는 사랑으로 우리를 충만케 하실 수 있습니다.

다시 한 번 말씀드리겠습니다. 우리로 중보의 사역을 하게 할 수 있는 것은 오직 사랑입니다. 당신은 당신의 교회나 마을이나 도시나 나라를 위한 가장 어렵고도 중요한 사역이 무엇인지 아십니까? 그것은 중보의 사역, 즉 하나님께 나아가 시간을 들여 그분을 붙드는 사역입니다. 어떤이가 간절한 그리스도인이고 간절한 사역자이며 선행을 할 수도 있습니다. 그러나 그가 하나님과 함께 머무는 시간이 적음을 고백해야 하는 것은 얼마나 애석한 일인지! 하나님께서 우리에게 큰 은사 곧 기도와 간구의 영인 중보의 영을 주소서.

나는 그리스도인들이 이에 대해 거의 생각하지 않음을 압니다. 모든 믿는이들을 위하여가 아니라 자신의 구성원들을 위해 기도하는 기도 모임이 있을 뿐입니다. 시간을 들여 그리스도의 교회를 위해 기도하십시오. 이방인들을 위해 기도하는 것은 더할 나위 없이 좋은 것입니다. 하나님께서는 그들을 위해 더 많이 기도하도록 도와주십니다. 선교사들과 복음 사역과 아직 개종하지 않은 자들을 위해 기도하는 것도 좋은 일입니다. 그러나 바울은 사람들에게 이방인들과 비개종자들을 위해 기도하라고 말하지 않고 믿는이들을 위해 기도하라고 말했습니다. "주여, 각처에 있는 당신의 모든 성도들을 축복하소서."라는 기도가 매일의 첫번째 기도가 되게 하십시오. 그리스도 교회의 상태는 설명하기 힘들 정도로 낮습니다. 그분께서 방문하시고자 하는 하나님의 백성들을 위해 간구하십시오. 서로를 위해, 하나님의 사역을 하고자 애쓰는 모든 믿는이들을 위해 간구십시오. 사랑이 여러분 마음속에 충만되게 하시기 바랍니다. 그리스도께서 당신 안에 날마다 사랑을 새로이 쏟아부어주시기를 간구하십시오. 하나님의 성령으로 사랑을 소유할 수 있도록 힘쓰십시오. 우리는 성령께로 분별되었고 성령의 열매는 사랑입니다.

당신은 하나님 앞에서 사랑이 부족함을 고백한 적이 있습니까? 그분 앞에 이렇게 고백하십시오. "오 주여, 사랑을 원하는 마음이 부족함을, 나의 사랑이 부족함을 고백합니다." 그런 다음 그분의 발 앞에 그러한 부족함을 던져버리고서 보혈이 우리를 정결케 함과 예수께서 그분의 전능한 정결케 함 가운데 오셔서 우리를 구출하시고 그분의 성령을 주실 것을 믿으십시오.

"성령의 열매는 사랑입니다."

9/ 사람은 할 수 없으나 하나님은 하신다

"가라사대 무릇 사람의 할 수 없는 것을 하나님은 하실 수 있느니라"(눅 18:27).

그리스도께서는 누가복음에서 부유한 젊은 관원에게 "네가 가진 모든 것을 팔고 와서 나를 따르라."고 말씀하셨습니다. 젊은 관원은 주님의 말씀을 지킬 수 없음을 알고 슬퍼하며 가버렸습니다. 그리스도께서는 제자들에게 "재물이 있는 자는 하나님 나라에 들어가기가 어떻게 어려운지"라고 말씀하셨고 세사들은 주님의 이러한 말씀에 놀라 "왕국으로 들어가기가 그렇게 어렵다면 과연 누가 구원을 얻을 수 있습니까?"라고 반응했습니다. 이에 대해 그리스도께서는 "사람의 할 수 없는 것을 하나님은 하실 수 있느니라"고 대답하셨습니다.

이 말에는 두 가지 사상이 내포되어 있습니다. 신앙 생활 가운데 구원의 문제와 거룩한 생활을 함으로 그리스도를 따르는 문제에 있어서 사람은 그렇게 할 수 없다는 것이 하나이며 사람에게는 불가능한 것이 하나님께는 가능하다는 것이 다른 하나입니다.

이 두 가지 사상이 나타내는 것은 사람이 신앙 생활에서 배워야 하는 두 가지 위대한 교훈입니다. 종교적으로 사람은 아무 것도 할 수 없다는 것, 사람은 구원할 수 없다는 첫 번째 교훈을 배우는 데 종종 긴 시간이 걸립니다. 사람이 가끔 이를 깨닫긴 하지만 두 번째 교훈 즉, 나에게는 불가능하던 일이 하나님께는 가능하다는 것은 잘 알지 못합니다. 이 두 가지 교훈을 모두 배우는 사람은 복되다고 말하지 않을 수 없습니다.

이 두 교훈을 배우게 되는 것은 그리스도인의 생활 가운데 두 단계로 나타납니다. 첫 번째 단계는 어떤이가 최선을 다하지만 실패한 후 더 잘 하려고 노력하다가 다시 실패하고 또다시 노력해보지만 늘 실패할 때입니다. 그러나 그러고 나서도 그는 그것이 불가능하다는 교훈을 배우지 못합니다. 베드로는 그리스도의 가르침을 3년이나 받았지만 불가능하다는 단어를 결코 배우지 못했습니다. 주님을 부인하고 밖으로 나가 통렬히 운 후에야 그는 비로소 하나님과 그리스도를 섬기는 것이 사람에게는 불가능하다는 교훈을 얻었습니다.

　사람에게는 불가능하다는 교훈을 배우고 있는 사람을 잠시 보겠습니다. 처음에 그는 그에 맞서 싸웁니다. 그런 다음 그 사실에 굴복하지만 그러한 굴복은 마지못하여 절망에 빠진 채로 이루어진 것입니다. 마침내 그는 그 사실을 기꺼이 받아들이고 그 가운데서 기뻐합니다. 그리스도인 생활 초기의 어린 회심자는 이러한 진리에 대해 어떤 개념도 갖고 있지 않습니다. 그는 회심하였고 그의 마음에는 주님의 기쁨이 있습니다. 그는 그리스도인의 경주를 하고 영적 전쟁을 하기 시작합니다. 그에게는 이길 수 있다는 확신이 있는데, 그 이유는 그가 열심 있고 정직한 데다가 하나님께서 그를 도와주실 것을 믿기 때문입니다. 그러나 머지않아 그는 예상하지 못했던 데에서 실패하고 죄가 그를 이기는 체험을 하게 됩니다. 그는 자신의 상황을 인해 실망하게 되지만 자신의 패배에 대해서는 "내가 충분히 주의하지 못했어. 내 결심이 그렇게 깅하지 않았어."라고 생각합니다. 그리고 나서 그는 다시 맹세하고 다시 기도하지만 다시 실패합니다. 그는 다음과 같이 자신에게 묻습니다. "내가 거듭난 사람이 아니란 말인가? 내 안에 하나님의 생명이 없단 말인가?" 그리고 그는 다시 생각하기를, "그래, 내겐 나를 도우실 그리스도께서 계신다. 나는 경건한 삶을 살 수 있다."고 합니다.

훗날에 그는 또 다른 마음의 상태에 이르게 됩니다. 그는 그러한 삶이 불가능하다고 여기기 시작하지만 그것을 받아들이지는 못합니다. 이 상태에 이른 그리스도인들이 많이 있습니다. "나는 할 수 없다. 그리고 하나님께서는 단 한번도 내가 할 수 없는 것을 하도록 내게 기대하신 적이 없으셨다." 만일 당신이 그들에게 하나님께서 그것을 정말로 기대하신다고 말한다면 그것은 그들에게 이상하게 들릴 것입니다. 그들은 그에 대해 완전히 이해하지 못하기 때문에 나는 할 수 없다는 고정관념으로 절망에 빠지게 됩니다. 그들은 최선을 다할 것이지만 그것이 오래 지속되리라고는 결코 기대하지 않습니다.

그러나 하나님께서는 그분의 자녀들을 세 번째 국면으로 인도하십니다. 그들은 불가능하다는 말을 완전히 체득하였으면서도 동시에 나는 그것을 해야만 하며 그것을 하겠다고 말합니다. 사람에게 불가능한 것이지만 '나는 해내야 한다'고 생각합니다. 그때 거듭난 의지는 힘을 다하여 강렬한 열망과 기도로 하나님께 부르짖기 시작합니다. "주여, 이 말이 무슨 뜻입니까? 제가 어떻게 죄의 능력에서 벗어날 수 있습니까?" 이것이 로마서 7장에 나오는 거듭난 사람의 상태입니다. 거기서 당신은 거룩한 삶을 살기 위해 최선을 다하는 그리스도인을 보게 됩니다. 하나님의 법은 마음의 갈망의 바로 그 깊이에까지 도달하여 그에게 계시되었으므로 그는 감히 다음과 같이 말할 수 있습니다. "나는 속사람을 따라 하나님의 법을 기뻐한다. 내게는 선한 것을 원하는 것이 있다. 나의 마음은 하나님의 법을 사랑하고 나의 의지는 그 법을 택하였다." 하나님의 법을 온전히 기뻐하는 마음과 옳은 것을 하고자 하는 의지를 가진 사람이 실패할 수 있을까요? 가능합니다. 그것이 로마서 7장이 우리에게 가르쳐 주는 바입니다. 우리에게 더욱 필요한 것이 있습니다. 우리는 속사람을 따라 하나님의 법을 기뻐하고 하나님께서 원하시는 것을 원해야 할 뿐 아니라 내 안에서 그것을 역사할 신성한 전능(全能)을 필요로 합니다. 그것이 사도 바울이 빌립보서 2장에서 가르치는 것입니다. "너희 안에서 행하시는 이는 하나님이시니 … 너희로 소원을 두고 행하게 하시나니".

로마서 7장에 있는 거듭난 사람은 "원함은 내게 있으나 할 수 없는 자신을 발견한다. 나는 원하지만 행할 수는 없다."고 말합니다. 그러나 빌립보서 2장에서 당신은 더 전진되어 나아간 사람을 보는데, 그는 하나님께서 거듭난 의지에 역사하실 때 그분께서 그 의지가 원하는 것을 성취할 능력을 주시리라고 이해합니다. 이것을 영적 삶의 첫 번째 위대한 교훈으로 받아들입시다. "나의 하나님, 나에게는 불가능합니다. 육신과 육신의 모든 힘이 끝나게 하시고, 자아도 끝나 나의 무력이 나의 영광이 되게 하소서. 우리가 무능함을 깨닫게 한 신성한 가르침을 인하여 하나님을 찬양합니다."

우리가 절대적인 순종이라는 말을 사용했을 때 당신은 자기 자신을 끝내는 데 이르지 못하여 이렇게 느꼈을 것입니다. "나는 일상의 모든 순간 순간, 즉 식사할 때나 집에서, 직장에서, 시련과 유혹 가운데 내가 어떻게 실제적으로 하나님께 절대적으로 순종하여 살 수 있는지 알지 못한다." 만일 당신이 할 수 없다고 느꼈다면, 당신은 올바른 여정에 있는 것입니다. 그 위치를 받아들이고 하나님 앞에서 그러한 태도를 유지하십시오. "오 하나님, 내 마음의 갈망과 기쁨은 절대적인 순종이지만 전 그것을 실천할 수 없습니다. 내가 그러한 삶을 사는 것은 불가능합니다. 그러한 삶은 내 능력 밖의 것입니다." 당신이 완전히 무능할 때, 하나님께서는 당신 안에 오셔서 원함을 일으키실 뿐 아니라 행할 수 있게도 역사하실 것입니다.

이제 우리가 이른 두 번째 공과는 "사람의 할 수 없는 것을 하나님은 하실 수 있느니라"는 것입니다. 사람에게는 불가능하다는 공과를 아는 많은 이들이 절망에 빠져 포기한 채 기쁨이나 강건함이나 승리 없이 비참한 그리스도인의 삶을 산다는 것을 이전에 말한 적이 있습니다. 그 이유는 어디에 있습니까? 그 이유는 그들이 하나님께는 모든 것이 가능하다는 또 다른 교훈을 알기 위해 스스로를 낮추지 않는 데 있습니다.

당신의 신앙 생활은 하나님께서 불가능한 것을 가능케 하신다는 것에 대한 증거의 나날입니다. 당신의 신앙 생활은 하나님의 전능하신 힘에 의해 불가능한 일들이 가능해지고 실질적으로 되는 역사의 연속입니다. 그것이 바로 그리스도인이 필요로 하는 것입니다. 우리에게는 우리가 경배하는 전능하신 하나님께서 계시므로 다음과 같은 사실을 알기를 배워야 합니다. "나는 하나님의 약간의 능력을 원하는 게 아니라 (경건하게 말하거니와) 나를 올곧게 그리스도인처럼 살도록 지켜주실 하나님의 전지전능을 원한다."

기독교 전체는 하나님의 전능하심의 역사입니다. 예수 그리스도의 탄생을 보십시오. 그것은 신성한 능력의 기적이었습니다. 마리아는 "대저 하나님의 모든 말씀은 능치 못하심이 없느니라"고 말했습니다. 그것은 하나님의 전능하심이었습니다. 그리스도의 부활을 보십시오, 우리는 하나님께서 사망에서 그리스도를 살리셨던 것은 하나님의 전능하심으로 인한 것이었음을 배웠습니다.

모든 나무는 그것이 돋아난 뿌리에서 자라나야 합니다. 삼 백년 된 참나무도 그것이 돋아나기 시작했던 그 뿌리에서 계속 자라납니다. 기독교는 하나님의 전지전능함에서 시작했습니다. 그리스도인이 더 차원 높은 생활을 할 수 있게 되는 것은 우리 안에 하나님의 모든 뜻을 역사하시는 그리스도의 능력에 대한 새로운 이해에 그 근원을 두고 있습니다. 당신은 전지전능함이 당신 가운데 역사하고 있음을 알고 전지전능하신 하나님을 매우 가깝게 대하기를 배운 적이 있습니까? 겉으로 보기에 당신 가운데 역사하는 하나님의 전능하심은 밖으로 잘 드러나지 않습니다. 사도 바울은 "내가 너희 가운데 거할 때에 약하며 두려워하며 심히 떨었노라 내 말과 내 전도함이 지혜의 권하는 말로 하지 아니하고 다만 성령의 나타남과 능력으로 하여"라고 말했습니다. 인간적인 측면에서 볼 때 나약함이 있었지만 신성한 측면에서 볼 때 전능함이 있었습니다. 이것은 모든 경건한 삶에 있어서 하나의 사실입니다. 만일 우리가 이 교훈을 잘 배우기만 한다면, 그리고 온 마음을 다하여 거기에 전적으로 순종한다면 우리는 전능하신 하나님과 함께 거하는 매일 아침, 매순간의 삶에 어떤 축복이 임하는지 알게 될 것입니다.

하나님의 전능하심의 속성을 성경에서 연구해본 적이 있습니까? 세상을 창조하셨고 어둠에서 빛을 창조하셨으며 사람을 창조하심이 바로 하나님의 전능하심이라는 것은 알고 있을 것입니다. 그러나 내가 묻고 싶은 것은 구원의 역사에서 하나님의 전능하심을 배워본 적이 있느냐는 것입니다.

아브라함을 보십시오. 하나님께서 그를 그리스도께서 태어나신 곳의 백성의 조상이 되도록 부르셨을 때, 그에게 "나는 전능한 하나님이라 너는 내 앞에서 행하여 완전하라"고 말씀하셨습니다. 하나님께서는 그분을 전능하신 존재로 믿도록 아브라함을 훈련시키셨습니다. 자신이 가야 할 땅이 어디인지 모른 채 나아갈 때에도, 가나안 족속 가운데 외인으로 살 때에도, 그 늙은 나이에 아들을 얻기 위해 25년이나 기다릴 때에도, 모리아 산에서 이삭을 희생 제물로 하나님께 드릴 때에도 아브라함은 하나님을 믿었습니다. 그는 믿음 안에서 강건하여 하나님께 영광을 돌릴 수 있었는데, 이는 그가 약속하신 그분께서 또한 성취하실 수 있다고 여겼기 때문입니다.

당신이 나약함 가운데 그리스도인 생활을 하는 이유는 당신이 그리스도인 생활을 어느 정도 해내면서 나머지 부분만을 하나님께서 도우시도록 하려 하기 때문입니다. 그런데 그러한 일은 있을 수 없는 것입니다. 당신은 하나님께서 역사하실 수 있도록 완전히 무능의 지경에 이르러야 합니다. 그러면 하나님께서 영광스럽게 역사하실 것입니다. 나는 성경을 쭉 읽어가며 이스라엘 백성들을 애굽에서 인도해냈을 때 모세가 어떠했는지, 그들을 가나안 땅으로 데려갔을 때 여호수아가 어떠했는지, 그리고 구약에서 모든 하나님의 종들이 어떻게 불가능을 가능케 하시는 하나님의 전능하심에 의지하였는지를 당신에게 보여줄 수 있었습니다. 이 하나님께서 오늘날 살아 계시며 이분께서 자신의 모든 자녀의 하나님이십니다. 그러나 우리들 중 어떤 이들은 하나님께서 우리에게서 무엇을 원하시는지 깨달음으로 "나는 아무 것도 할 수 없으니 하나님께서 이 모든 것을 하셔야만 합니다."라고 말하는 대신 자신들이 최선을 다하는 동안 그분께서 자신들을 약간 도와주시기를 바랍니다. 당신은 다음과 같이 말한 적이 있습니까? "하나님을 경배하는 것이나 일하는 것이나 거룩케 되는 것이나 그분께 순종하는 것에 있어서 나 스스로는 아무 것도 할 수 없으므로 나의 할 일은 전능하신 하나님을 경배하는 것이며 그분께서 매순간 내 안에서 역사하시리라고 믿는 것이다." 하나님께서 우리에게 이것을 가르쳐주시기를! 사람에게는 불가능한 것들이 하나님께는 가능합니다.

전능하신 하나님께서 당신 마음 안에 그리스도를 계시하시고 성령으로 하여금 당신 안에서 다스리시게 하심으로 자아 생명이 당신에게 힘을 갖거나 당신을 지배하지 못하게 하신다는 것을 믿은 적이 있는지 모르겠습니다. 당신은 참회의 눈물로 또한 극도의 낮아짐과 연약함 가운데 이렇게 울부짖은 적이 있습니까? "오, 하나님, 내게는 불가능합니다. 사람은 할 수 없습니다. 그러나 당신께는 가능함을 인하여 당신의 이름에 영광을 돌립니다." 당신은 하나님께 구원을 요청한 적이 있습니까? 지금 당장 그렇게 하십시오! 지금 새로이 무한한 사랑이신 하나님께 절대적 순종을 드리십시오. 그분의 사랑은 그분의 능력만큼 무한합니다.

그러나 다시 한 번 절대적 순종의 문제에 이르렀을 때 나는 그것이 그리스도의 교회에 없는 부분이라는 것과, 그 때문에 성령께서 우리를 충만케 하실 수 없으며 육체와 자아 생명이 정복될 수 없다는 것을 느낍니다. 우리는 예수께서 그러하셨던 것처럼 하나님께 절대적으로 순종하는 것이 무엇인지 결코 이해하지 못합니다. 그러나 사람의 할 수 없는 것을 하나님께서는 하실 수 있으십니다. 하나님께서 그리스도 안에서 당신을 담당하실 때, 그분께서 당신을 절대적으로 순종하는 사람으로 만드시는 것이 가능함을 믿으시기 바랍니다. 하나님께서는 당신으로 하여금 지속적으로 절대적인 순종 안에 있도록 만드실 수 있으십니다.

그분께서는 간접적으로든 직접적으로든 이와 같은 은혜로운 생각으로 매일 아침 침대에서 당신을 일으키실 수 있습니다. 나는 하나님의 보호 아래 있으며 나의 하나님께서는 나를 위해 내 삶을 이루어가고 계십니다.

당신은 거룩케 됨에 대해 생각하는 데 지쳤습니까? 당신은 거룩케 됨을 갈망해 왔고 요구해왔지만 그것은 아직 요원한 것 같습니다. 예수의 거룩함과 겸손함이 얼마나 멀리 있는지 당신은 뼈저리게 실감했습니다. 그러나 성경적이며 실제적이고도 효과적인 거룩케 됨의 한 가지 원칙은 "사람의 할 수 없는 것을 하나님은 하실 수 있느니라"는 진리에 있습니다.

하나님께서는 사람을 거룩케 하실 수 있으며, 그분의 전능한 능력으로 그들을 매순간 지켜주실 수 있으십니다. 그리스도를 죄로부터 우리를 구원하신 구세주로, 우리의 생명이자 능력이신 분으로 계시하실 수 있는 분은 바로 하늘에 계신 하나님이십니다.

사도 바울이 한 다음과 같은 기도는 무엇을 말하고 있습니까? "그 영광의 풍성을 따라". 만일 어떤 것이 그 영광의 풍성을 따른 것이라면 그것은 뭔가 굉장히 놀라운 것임에 틀림없습니다. "너희 속 사람을 능력으로 강건하게 하옵시며". 당신은 그분의 전능하심에 의해 그분을 믿는 자녀들의 마음 안에서 역사하심으로 그리스도로 하여금 그들 안에 내주하시는 구주가 되시도록 하시는 분이 하나님이심을 보지 못합니까? 당신은 이 사실을 붙잡고 믿어보려 했으나 실현되지 않았습니다. 이는 당신이 "사람의 할 수 없는 것을 하나님은 하실 수 있느니라"는 진리를 믿는 데로 이끌리지 않았기 때문입니다.

새로운 차원에서 사랑의 문제가 숙고될 필요가 있습니다. 나의 마음은 위로부터 온, 영원한 사랑의 샘으로부터 온 생명으로 충만되어야 합니다. 그러면 양이 온순한 것이 자연스러운 것처럼 그리고 늑대가 잔인한 것이 이상스럽게 느껴지지 않는 것처럼 나의 형제 자매를 사랑하는 것은 자연스러운 일이 될 것입니다. 나를 욕하고 증오하는 어떤 이가 싫고 밉더라도 결국 그를 더욱 사랑하게 되며 장애와 증오와 배은망덕에도 불구하고 내 안에서 사랑의 힘이 승리를 거둘 수 있게 됩니다. 그러한 상태에 이끌릴 때 비로소 사람에게는 불가능하다고 감히 말할 수 있게 될 것입니다. 그러나 만일 당신이 "이 사랑은 완전히 제 능력

밖의 것입니다. 그것은 완전히 불가능합니다."라고 말하는 데까지 이끌렸다면, 당신은 또한 하나님께 나아가서 "하나님께서는 하실 수 있습니다."라고 말할 수 있게 될 것입니다.

사람들에게 능력 있는 역사를 하고자 하는 이들은 자신의 영혼 속에 있는 하나님의 능력을 알아야 합니다. 이렇게 기도하십시오. "주여, 나의 영혼 가운데 당신의 전능한 능력을 날마다 증거하소서. 그리함으로 전능하신 하나님께서 사람들을 구원하고 지키실 수 있음을 사람들에게 보이소서."

어떤 이들은 하나님께 큰 부흥을 구합니다. 그러나 오히려 하나님을 믿고 있는 이들을 부흥시킬 수 있다면 얼마나 좋겠습니까! 나는 먼저 교회의 회심치 않은 형식론주의자들 중에, 혹은 회의론자들 중에, 혹은 내 주위의 멸망해가는 자들 중에 부흥이 있어야 한다고 생각하지 않습니다. 나의 마음이 첫째로 기도하는 바는 이렇습니다. "나의 하나님이시여, 교회와 교회 사람들을 부흥시키소서." 하나님의 긍휼을 힘입어 당신에게 간청하거니와 하나님의 백성들을 위해 기도하십시오. 일부 믿는이들이 아무리 연약할지라도 염려 마십시오. 만일 그들이 하나님의 자녀라면 그들은 당신의 형제입니다. 그들이 어둠과 감옥에서 벗어날 수 있도록 기도함으로 도우십시오. 하나님의 교회를 위해 기도하고 하나님께서 축복을 주실 것을 믿으십시오. 수천의 사람들이 거룩함과 헌신을 갈망하게 되는 것이 아무 것도 아닌 게 아닙니다. 거룩함과 헌신을 갈망하는 이들이 많이 있음은 바로 하나님의 능력의 예시(豫示)입니다. 하나님께서는 사람들로 하여금 원하게 하시고, 그런 다음 하도록 역사하십니다. 전능하신 하나님께서 그분의 백성 가운데 우리가 구하는 것보다 훨씬 능하게 역사하신다는 것을 믿으십시오. 바울은 다음과 같이 말했습니다. "우리의 온갖 구하는 것이나 생각하는 것에 더 넘치도록 능히 하실 이에게 영광이 대대로 영원 무궁하기를 원하노라".

"사람의 할 수 없는 것을 하나님은 하실 수 있느니라." 당신 주위에는 죄와 슬픔의 세계가 있으며 마귀 또한 거기에 있습니다. 그러나 그리스도께서는 보좌 위에 계시며 그리스도께서는 더욱 강하시고 그리스도께서는 지금까지 승리하셨으며 앞으로도 승리하실 것을 믿으십시오. 나의 메시지는 '사람에게는 불가능한 것들'로 우리를 낙담시키는 듯하지만, 궁극적으로는 '하나님께는 가능하다'는 데로 우리를 높이 올립니다. 우리 자신을 위해서 뿐만 아니라 당신에게 맡겨진 모든 영혼들을 위하여 하나님을 전능하신 존재로 신뢰하십시오. 결코 그분이 전능하심을 경배함이 없는 채로 기도하지 마십시오. 그리고 "전능하신 하나님. 저는 당신의 전능하심을 원합니다."하고 말하십시오. 이렇게 기도한다면 당신의 기도에 대해 응답이 임할 것이요 당신은 아브라함과 같이 하나님께 영광을 돌리며 믿음으로 강건해질 것인데, 이는 당신이 약속하신 그분을 또한 성취하실 수 있는 분으로 여기기 때문입니다.

10/ 성령으로 시작하였다가

영적 생명을 깨우고 깊이 있게 하며 강화시키는 것에 대해서 말할 때, 우리는 연약하고 잘못하며 죄지은 어떤 것에 대해서 생각하게 됩니다. 그때 "오, 하나님, 우리의 영적 생명은 본래 영적 생명이 그러해야 하는 것과 다릅니다." 라는 고백으로 하나님 앞에서 우리 입장을 취하는 것은 매우 중요한 일입니다.

교회 주위를 둘러 볼 때, 우리는 아주 많은 나약함과 실패와 죄와 단점들의 표시가 있음을 봅니다. 이러한 표시들을 보면서 우리는 "왜 그러한가? 그리스도의 교회가 그런 낮은 상태로 살아가야만 하는가? 하나님의 백성들이 하나님의 기쁨과 능력 안에서 늘 살아야 한다는 것은 실제로 가능한 일인가?"라고 묻지 않을 수 없게 됩니다. 모든 믿는 이들은 가능하다고 대답해야 합니다.

여기에 한 가지 의문이 생기는데, 그것은 하나님의 교회가 전체적으로 아주 나약하고 대다수의 그리스도인이 그들의 특권에 의지하여 살고 있지 않음은 어찌된 일이며 그 이유는 무엇인가에 대한 것입니다. 틀림없이 거기에는 이유가 있습니다. 하나님께서 모든 믿는이들의 보호자와 언제나 현존하는 실제로 그리스도를 주시지 않으셨으며, 우리가 그리스도 안에서 갖고 있는 모든 것을 전하고 나누도록 그분의 전능하신 아들 그리스도를 주시지 않으셨던 말입니까? 하나님께서는 그분의 아들과 그분의 성령을 주셨습니다. 그런데 어찌 믿는이들은 그 특권에 의지하여 살지 않습니까?

우리는 그 질문에 대한 경건한 답을 여러 서신서들에서 볼 수 있습니다. 데살로니가 전서에서 바울은 그곳의 그리스도인들에게 "나는 너희가 자라고 충만케 되고 더욱 증가하기를 원하노라"고 아주 강하게 쓰고 있습니다. 그들은 어렸으며 그들의 믿음에는 부족한 것들이 있었습니다.

그러나 그들의 상태는 아주 만족할 만했으며, 그에게 큰 기쁨을 주었습니다. 그래서 그는 여러 번 이렇게 씁니다. "나는 너희가 더욱 많이 힘쓰기를 하나님께 기도하며 그렇게 더 많이 하도록 권한다(살전 4:1, 10절 참조, 역자 注)." 그러나 바울이 이와는 매우 다른 어조로 말한 서신들도 있는데, 특히 고린도인들과 갈라디아인들에게 보낸 편지가 그러합니다. 그는 그들에게 그 한 가지 이유가 무엇인지 많은 다른 방식으로 말하고 있는데, 그것은 그들이 그리스도인이 마땅히 살아야 하는 대로 살지 않고 육체의 능력의 지배 아래 있다는 것이었습니다. 갈라디아서 3장 3절이 그 한 예입니다. 바울은 그가 믿음을 전파함으로 그들이 성령을 받았음을 그들에게 상기시킵니다. 그는 그들에게 그리스도를 전파했습니다. 그들은 그리스도를 영접하였고 성령을 받아들였습니다. 그러나 무슨 일이 일어났습니까? 성령으로 시작하였음에도 불구하고 그들은 자신의 노력으로 육체 가운데서 성령이 시작하였던 역사를 마치려 노력했습니다. 우리는 고린도인들에게 쓴 서신에서도 그와 똑같은 가르침이 있음을 보게 됩니다.

이제, 우리는 그리스도의 교회 안에 있는 중요한 결핍이 무엇인지 발견하게 됩니다. 하나님께서는 그리스도의 교회가 성령의 능력으로 살도록 부르셨습니다. 그런데 그 교회는 대부분 하나님의 성령과 거리가 먼 인간 육체의 힘과 의지와 에너지와 노력으로 살고 있습니다. 만일 교회가 성령이 교회의 힘이자 도움이라는 것을 알고, 모든 것을 포기하고 성령으로 충만되기 위해 하나님을 앙망한다면 아름답고 기쁨이 넘치는 교회의 나날들을 회복할 수 있을 것입니다.

갈라디아인들에게 씌어진 말씀은 우리에게 그리스도인 생활의 초기에 어떻게 성령을 받았는지 보여줍니다. 이 말씀은 우리가 육체를 따르지 않고 성령을 따라 살아야 함을 잊고 있을 때 얼마나 위험해지는지, 또한 육체 가운데서 완전해지는 것을 추구하려는 것이 어떤 결과를 가져오는지 보여준 다음 이러한 상태에서의 구원의 길을 우리에게 제시해줍니다.

무엇보다도 먼저, 바울은 "성령으로 시작하였다가"라고 말합니다. 기억하십시오. 사도는 믿음으로 의롭게 됨을 전파할 뿐만 아니라 의롭게 된 사람들은 성령을 의지하지 않고는 살 수 없으므로 하나님께서는 모든 의롭게 된 이들을 인치시려고 그들에게 성령을 주신다고 전파합니다. 사도는 한 번 더 매우 강하게 "너희가 어떻게 성령을 받았느냐? 율법의 전파에 의해서냐, 아니면 믿음의 전파에 의해서냐?"하고 그들에게 물었습니다. 그는 자신의 가르침으로 능력 있는 부흥이 일어났던 때를 상기시킬 수 있었습니다. 그때 하나님의 능력이 나타난 바 되었었고 갈라디아인들은 "그렇습니다. 우리는 성령을 갖고 있습니다. 믿음으로 그리스도를 영접했고 믿음으로 성령을 영접하였습니다."하고 고백할 수밖에 없었습니다.

현재, 많은 그리스도인들이 믿었을 때 성령을 받았음을 알지 못한다는 것은 두려운 일입니다. 많은 그리스도인들은 자신들이 용서함받고 평강을 얻었다고 말하지만 당신이 그들에게 성령을 영접했느냐고 묻는다면 그들은 망설일 것입니다. 만일 그들이 영접했다고 말하더라도 한참을 망설이다가 그렇다고 말할 것입니다. 그리고 그들은 성령을 받은 이후로 죽 성령의 능력 가운데 행하는 것이 무엇인지 거의 알 수 없었다고 당신에게 말할 것입니다. 진실한 그리스도인 생활의 시작은 성령을 영접하는 것이라는 이 위대한 진리를 붙잡읍시다. 또한 모든 그리스도인 사역자의 일은 바로 사도 바울이 한 그 일, 곧 그의 백성들을 상기시키는 것입니다. 그리스도인들이여, 당신은 성령을 영접했으며 당신은 그분의 인도에 따라 살아야 하며 그분의 능력 가운데 살아야 합니다.

심지어 성령을 영접한 갈라디아인들조차 성령으로 시작하였던 것을 육체로 마치려고 하는 끔찍한 위험으로 빗나가도록 유혹받았다면, 성령을 영접했다는 것조차 알지 못하는 사람들, 그것에 대해 생각해 본 적도, 그것으로 인해 하나님을 찬양해본 적도 없는 사람들은 얼마나 더 위험하겠습니까?

만일 당신이 그리스도의 교회가 회복되기 위해 무엇이 행해져야 하는가를 묻는다면, 즉시 성령께서 지금보다 더욱 영광받으셔야 한다는 진리를 받아들이십시오. 모든 믿는이에게는 반드시 깊은 확신이 있어야 합니다. 내가 하나님으로부터 받은 것은 하늘의 용서뿐만이 아니라 나로 하늘에 살도록 하며 내 힘이 되시는 내 마음 안의 성령입니다.

하나님께서는 그리스도인이 온 생애 동안 매일 성령의 능력 가운데 살도록 성령을 주십니다. 사람은 성령의 능력에 의하지 않고는 단 한 시간도 거룩한 삶을 살 수 없습니다. 사람은 절조 있고 흠 잡을 데 없는 삶, 덕스러운 삶을 살 수 있고 부지런히 봉사할 수도 있습니다. 그러나 하나님의 구원과 사랑을 누리는 가운데 하나님께서 받으실 만한 삶을 사는 것, 또한 새로운 생명의 능력 안에서 살고 행하는 것은 매일 매 시간 성령의 인도함 받음 없이는 이루어질 수 없는 것입니다.

그러나 이제 성령으로 사는 데 있어서 생길 수 있는 위험성을 주목하십시오. 갈라디아인들은 성령을 받았으나 성령으로 시작한 것을 육체로 마치려고 애썼습니다. 그들은 구원을 받기 위해서는 할례를 받아야만 한다고 말한 유대교 교사들의 말을 믿었습니다. 그들은 계명을 외적으로 준수하는 것에서 그들의 신앙생활을 찾기 시작했습니다. 바울은 그들에게 할례를 받아야 한다고 가르친 유대교 교사들에 대해 "너희의 육체로 자랑하려 함이니라"는 표현을 사용합니다.

당신은 종종 종교적 육체라는 표현을 듣게 됩니다. 이 말의 의미는 무엇입니까? 종교적 육체가 무엇인지는 다음의 말로 짐작할 수 있습니다. "나의 인간적 본성과 인간적 의지와 인간적 노력은 종교적으로 능동적일 수 있다. 회심하여 성령을 영접한 후 나는 내 자신의 힘으로 하나님을 경배하기 위해 애쓸 수 있다. 나는 아주 부지런히 많은 일을 할 수 있지만 그것은 하나님의 성령의 일이라기보다 인간의 육체의 일이다." 인식하지 못하는 사이에 성령의 선상에서 육체의 선상으로 바뀔 수 있다는 것은 얼마나 엄중한 일인지! 그가 매우 부지런해질 수 있고 크나큰 희생도 감내할 수 있지만 이는 모두 인간 의지의 힘으로 된 것입니다. 어떤 이는 그의 사역에 있어 매우 열심 있는 전파자일 수 있고 다른 이들로부터 자신이 엄청난 희생과 봉사를 하고 있다는 말을 들을 수도 있습니다. 그러나 당신은 그가 영적인 사람이 아님을 느낍니다. 그의 생활에는 영성이 없습니다. 많은 그리스도인들 가운데 그를 두고 영적인 사람이라고 감탄할 사람은 없습니다. 이것이 그리스도 교회의 약함입니다. 그리스도 교회의 약함은 육체라는 말 한 마디에 포함됩니다.

육체는 여러 방면에서 나타날 수 있습니다. 육체는 육신적인 지혜 안에서 표현될 수 있습니다. 내 마음은 종교에 대해서 가장 능동적일 수 있습니다. 나는 설교하거나 쓰거나 생각하거나 명상하거나 성경과 하나님의 왕국 안에 있는 일들에 몰두하는 것을 기뻐할지 모르지만 오히려 이때 성령의 능력은 완전히 부재(不在)할 수 있습니다. 나는 당신이 "말씀 전파 속에 사람들을 회심시키는 능력이 적은 이유가 무엇입니까? 믿는이들을 거룩함과 헌신 가운데 세우는 말씀의 능력이 어찌 그리 약합니까?"라고 물을까 두렵습니다. 이에 대한 답은 성령의 능력의 부재(不在)입니다. 성령의 능력의 부재로 사람들을 회심시키고 거룩함과 헌신 가운데 세우는 결과가 산출되지 못합니다. 그렇다면 성령의 능력이 부재하게 된 이유는 어디에 있습니까? 육체와 사람의 힘이 성령이 있어야 할 위치를 대신한 것 외에 다른 이유가 없습니다. 이는 갈라디아인들에게뿐 아니라 고린도인들에게도 그러했습니다. 바울은 그들에게 "내가 신령한 자들을 대함과 같이 너희에게 말할 수 없다. 너희는 마땅히 영적인 사람들이 되어야 하지만 육신에 속하였다."라고 말했습니다. 바울은 그의 서신서에서 분쟁과 분열로 인해 그들을 꾸짖고 정죄해야 했습니다.

갈라디아인들과 같은 교회 혹은 어떤 그리스도인이 육체의 힘으로 하나님을 경배하고 있으며 성령으로 시작한 것을 육체로 마치려는 것을 나타내는 증거와 표시는 무엇입니까? 그 대답은 아주 간단합니다. 종교적인 자기 노력은 늘 죄로 가득한 육체로 끝납니다. 갈라디아인들의 상태는 어떠했습니까? 그들은 율법의 행위로 의롭게 되려 노력했지만 얼마 가지 않아 서로 싸우고 서로를 삼키려는 위험에 빠졌습니다. 사도가 갈라디아인들의 부족한 사랑을 표현하기 위해 사용한 어휘들을 세어 보십시오. 아마 12가지도 더 될 것입니다. 시기, 질투, 악독, 분쟁 등등 … . 사도가 그것에 대해서 어떻게 말하는지 4장과 5장을 읽어 보십시오. 그들이 자신의 힘으로 하나님을 섬기기 위해 얼마나 노력했는지, 그러나 결국에는 얼마나 철저히 실패했는지 알게 될 것입니다. 이런 모든 종교적인 노력은 실패로 끝납니다. 죄의 힘과 죄로 가득한 육체가 그들을 이기어 그들의 모든 상황은 가장 슬픈 상태가 됩니다.

이는 말로 다 할 수 없는 엄숙함으로 우리에게 다가옵니다. 그리스도 교회의 어디에서나, 심지어 그리스도 교회에서 직업적으로 일하는 사람들 사이에서조차 정직과 경건함의 표준을 찾기가 힘듭니다. 만일 우리가 미움과 성냄과 날카로움과 악독과 시기와 질투와 교만이 얼마나 많은가에 대해 생각해 본다면 우리는 "하나님의 어린양의 성령이 존재한다는 표시는 어디에 있는가? 부족하도다. 너무도 부족하도다!"라고 말하지 않을 수 없을 것입니다.

많은 이들은 마치 이는 우리가 나약하기 때문에 오는 자연스런 결과인 것처럼, 그래서 도움을 받을 수조차 없는 것처럼 말합니다. 많은 이들이 이러한 것들을 죄라 말하지만 그것을 극복하려는 소망을 포기해 버립니다. 많은 이들은 그들 주변의 교회에 이러한 것들이 있음을 말하면서 변화될 것으로 기대하지 않습니다. 근본적인 변화가 있기까지, 즉 하나님의 교회가 믿는이들의 모든 죄는 바로 육신에서, 우리의 종교적인 활동 가운데 있는 육신적인 생명에서, 자기 노력으로 하나님을 경배하려는 노력에서 나온다는 것을 보기 시작할 때까지는 전진할 수 없습니다. 우리가 고백하는 것을 배우기까지, 또한 어찌하든 하나님의 성령께서 교회로 돌아오시게 해야 한다는 것을 보기까지 우리는 틀림없이 실패할 것입니다. 오순절에 교회는 어디에서 시작했습니까? 그들은 성령 안에서 시작했습니다. 그러나 슬프게도 그 다음 세기의 교회는 어떻게 해서 육체에 빠지게 되었는지! 그들은 육체로 교회를 온전케 할 수 있으리라 생각했습니다.

종교개혁이 이신칭의의 위대한 교리를 회복하였기 때문에 그때 성령의 능력이 완전히 회복되었다고 생각하지 마십시오. 이 마지막 시대에 하나님께서 그분의 교회를 긍휼히 여기시리라는 것이 바로 우리의 믿음일진대 하나님께서 그분의 교회를 긍휼히 여기심은 성령에 관한 진리와 교리가 연구될 뿐 아니라 전심으로 추구됨으로 인한 것입니다. 성령에 대한 진리가 추구될 뿐 아니라 사역자들과 회중들이 "우리는 하나님의 성령을 근심케 하였습니다. 결과적으로 우리는 될 수 있는 대로 하나님의 성령이 적은 교회가 되려 애쓴 것이 되었습니다. 성령으로 충만한 교회가 되길 추구하지 않았습니다."라는 탄식으로 깊은 낮아짐 가운데 하나님 앞에 엎드릴 때 교회에 대한 하나님의 긍휼히 여기심을 얻게 될 것입니다. 교회 안에 있는 모든 나약함은 교회가 하나님께 순종하길 거절하기 때문에 발생하는 것입니다.

당신은 순종하려고 노력하며 순종하리라 맹세하지만 너무 연약하고 무능함으로 인해 결국 실패하고 만다고 말할 것입니다. 물론 그렇습니다. 당신은 실패합니다. 왜냐하면 당신이 하나님의 능력을 받아들이지 않기 때문입니다. 하나님만이 당신 안에서 그분의 뜻을 역사해 내실 수 있으십니다. 당신은 그분의 뜻을 이루어 낼 수 없으나 그분의 성령께서는 그렇게 하실 수 있으십니다. 교회가 이를 이해하고 믿는이들이 이를 이해함으로 성령께서 그분의 전능한 능력으로 오시기를 앙망하며, 사람의 힘으로 하나님의 뜻을 실현시키려는 노력을 멈출 때에야 비로소 교회는 하나님께서 원하시는 모습, 하나님께서 만들어 가고자 하시는 모습이 될 수 있습니다.

이 지점에 이를 때 "회복될 수 있는 길은 무엇인가?"라는 의문이 생깁니다. 대답은 간단하고 쉽습니다. 교회가 빗나가버린 곳에서 다시 원래의 지점으로 되돌아가는 길 외에 회복될 수 있는 다른 길이 없습니다. 갈라디아인들이 돌이킬 수 있는 유일한 길은 그들이 잘못 가버렸던 곳 즉, 그들 자신의 힘으로 종교적인 노력을 하던 데에서, 그들 자신의 수고로 어떤 것을 추구하던 데에서 성령께 자신을 겸손히 맡기는 데로 돌아가는 것이었습니다. 개개인으로서 우리를 위한 다른 길은 없습니다. 당신에게는 성령의 능력 안에서 당신의 삶이 어떻게 될 것인지에 대한 인식이 전혀 없을 수 있습니다. 하나님의 영원하신 아들께서 이 땅에 오셔서 그분의 놀라운 역사를 이루신 것처럼, 그분께서 갈보리에서 돌아가심으로 그분의 귀한 보혈로 당신의 구속을 이루신 것처럼 진실로 성령께서는 당신 마음에 들어가셔서 그분의 신성한 능력으로 당신을 거룩하게 하시고 당신으로 하여금 하나님의 복된 뜻을 행할 수 있게 하시며 당신의 마음을 기쁨과 힘으로 채워주실 수 있습니다. 그러나 애석하게도 우리는 성령을 잊어버리고 근심케 해왔으며 욕되게 해왔습니다. 그래서 성령께서 역사하실 수 없었던 것입니다. 그러나 하늘에 계시는 아버지께서는 그분의 자녀들을 그분의 성령으로 채우기를 원하십니다. 하나님께서는 각 사람에게 개인적으로 매일의 삶을 위한 성령의 능력을 주시길 갈망하십니다.

하나님께서는 그분의 자녀들인 우리가 일어나 그분 앞에 우리의 죄를 놓고 그분께 긍휼을 구하기를 원하십니다. 아, 당신은 그렇게도 어리석습니까? 당신은 성령으로 시작한 것을 육체로 마치려 합니까? 부끄러움 가운데 고개를 숙이고 우리의 육신적인 종교와 자기 노력과 교만이 모든 실패의 원인이었음을 하나님 앞에 고백하십시오.

젊은 그리스도인들이 내게 종종 "내가 실패하는 이유가 무엇입니까? 나는 마음을 다해 매우 경건하게 맹세했고 하나님을 섬기기를 원했습니다. 그런데 어째서 실패하는 것입니까?"라고 질문한 적이 있습니다. 그러한 이들에게 나는 늘 "그리스도만이 당신 안에서 하실 수 있는 것을 당신 자신의 힘으로 하려고 애쓰기 때문이다."라는 한 가지 대답으로 일관해 왔습니다. 그들이 나의 대답에 대해 "나는 그리스도께서만 그것을 하실 수 있다는 것을 알고 내 자신을 신뢰하지 않았습니다."라고 하면 나는 항상, "당신은 자신을 신뢰하고 있습니다. 그렇지 않다면 결코 실패할 수 없습니다"라고 대답합니다. 당신이 그리스도를 신뢰했다면 그분은 결코 실패하실 수 없습니다. 오, 성령으로 시작한 것을 육체로 마치려는 이것은 우리가 알고 있는 것보다 훨씬 더 깊숙이 우리 속에 자리잡고 있습니다.

그러므로 "당신은 성령의 능력 아래 살고 있는가? 당신은 성령으로 충만한 삶을 살고 있는가? 당신은 성령께서 당신 가운데서 역사하시고 사시도록 맡기고 헌신하였는가?"라는 질문을 하는 것입니다.

만약 당신이 그렇지 않다고 대답한다면 나는 당신에게 "당신은 기꺼이 헌신하겠는가? 당신은 기꺼이 당신 자신을 성령의 힘께 맡기겠는가?"라는 두 번째 질문으로 당신에게 다가가겠습니다.

내가 믿기로 당신은 헌신의 인간적인 면이 당신을 돕지 못하리라는 것을 너무도 잘 알고 있습니다. 나는 백 번도 더 내 존재의 힘을 다해 헌신할 수 있지만 그러한 인간적인 헌신은 나를 돕지 못할 것입니다. 나를 도울 수 있는 것은 이것, 곧 하늘의 하나님께서 그 헌신을 받고 인치시는 것입니다.

당신은 기꺼이 당신 자신을 성령께 바치겠습니까? 당신은 즉시 할 수 있습니다. 많은 것들이 여전히 어둡고 희미하며 우리의 이해를 넘어서는데다 당신은 아무 것도 느끼지 못할 수 있지만 하나님의 임재로 들어가십시오. 하나님만이 변화시키실 수 있으십니다. 우리에게 성령을 주신 하나님만이 우리의 삶 안으로 능력의 성령을 회복시키실 수 있습니다. 하나님만이 "그의 성령으로 말미암아 속 사람을 능력으로 강건케 하실 수 있습니다."

11/ 하나님의 능력으로 보호하심을 입으라

　베드로 전서 1장 5절에는 믿는이로 구원에 이르도록 보호되게 하는 하나님의 보호하심에 대한 두 가지 놀랍고도 복된 진리가 있습니다. 그 중 하나는 하나님의 능력으로 보호하심을 입는 것이고 다른 하나는 믿음으로 말미암아 보호하심을 입는 것입니다. 우리는 그 두 방면을 보길 원합니다. 즉 하나님의 측면에서 그분의 전능한 능력은 매일 매순간마다 우리의 보호자가 되도록 우리에게 주신 바 되었으며 사람의 측면에서 우리 자신은 아무 것도 할 필요 없이 믿음 안에서 하나님께서 그분의 보호하시는 역사를 하시도록 하기만 하면 됩니다. 여기에 두 가지의 보호하심이 있습니다. 하나는 나를 위해 하늘에서 유산이 보호되는 것이고 또 다른 하나는 그 유산을 위해 이 땅에서 내가 보호되는 것입니다.

이 보호하심의 첫 번째 부분에 관해서는 어떠한 의심이나 질문도 없을 것입니다. 하나님께서는 하늘에서 아주 훌륭하고 완벽하게 유산을 지키고 계시며 유산은 가장 안전하게 거기서 기다리고 있습니다. 그 동일한 하나님께서 그 유산을 위해 나를 지켜주십니다. 이것이 바로 내가 말하고 싶은 점입니다. 어떤 아버지가 자녀들을 위한 유산을 지키고 간수하느라 많은 어려움을 겪었지만 정작 유산을 줄 자녀들을 지키지 못했다면, 이는 대단히 어리석은 것입니다. 만일 평생을 들여 수천 수만의 돈을 벌려고 하는 사람에게 왜 자신을 희생하여 그렇게 하려 하느냐고 묻는다면 그는 "나는 내 자녀들에게 많은 유산을 남기고 싶다. 그래서 나는 내 자녀들을 위해 그것을 지키고 있는 것이다."하고 대답할 것입니다. 그런데 만일 그가 자신의 자녀들을 교육시키기 위해 전혀 애쓰지 않고 그들이 거칠게 거리를 쏘다니며 죄와 무지와 어리석음의 길로 가도록 내버려둔다는 말을 듣는다면 당신은 그에 대해 어떻게 생각하겠습니까? 당신은, "가엾은 사람! 그는 자녀를 위해 유산을 지키긴 했지만 그 유산을 위해 자녀를 지키고 준비시키지 못했구나."라고 말하지 않겠습니까? 나의 하나님께서 나를 위해 유산을 지키고 계신다고 생각하는 그리스도인들은 많습니다. 그러나 그들은 나의 하나님께서 그 유산을 위해 나를 지키고 계신다는 것을 믿지는 않습니다. 동일한 능력, 동일한 사랑, 동일한 하나님께서 두 가지의 일을 함께 하고 계십니다.

나는 두 가지 아주 단순한 진리가 있음을 말했는데, 우리는 하나님의 능력으로 보호된다는 신성한 측면과 우리는 믿음으로 말미암아 보호된다는 인간적인 측면이 그것입니다.

먼저, 신성한 측면, '하나님의 능력으로 보호됨'에 대해 보기로 합시다.
무엇보다도 먼저 이 보호하심이 만유를 포함한다는 것을 생각해 보십시오. 하나님의 능력에 의해 보호되는 것은 무엇입니까? 당신입니다. 당신 존재의 어느 정도가 보호되겠습니까? 당신의 전부입니다. 하나님께서 당신의 한 부분만 보호하실 뿐 다른 부분은 보호하시지 않는다고 생각하십니까? 그렇지 않습니다. 어떤 이들은 이 보호하심이 애매모호한 일반적인 보호이며 그들이 죽을 때 하나님께서 그들을 천국으로 이끄시는 식으로 보호하신나는 생각을 갖습니다. 그들은 '보호하심'이라는 말을 그들 자신의 존재와 본성의 모든 것에 적용하질 않습니다. 그러나 하나님께서 원하시는 것은 믿는이들이 자신의 존재의 모든 것에 하나님의 '보호하심'이라는 말을 적용하는 것입니다. 나에게는 친구에게서 빌린 시계 하나가 있는데, 그가 그 시계를 빌려줄 때 내게 "자네가 유럽에 갈 때 가져가도 좋네. 하지만 그것을 잘 간수하였다가 돌려주게."라고 말했다 합시다. 그런데 내가 그 시계를 고장 낸 상태로 친구에게 돌려준다면 그는 "나는 자네가 그것을 간수한다는 조건 하에 빌려주었던 것일세."라고 말할 것입니다. "내가 시계를 간수하지 않았는가? 거기 시계가 있지 않나." "하지만 나는 자네가 그런 일반적인 방식으로 시계를 간수하여 시계의 껍데기나 나머지만 가져오길 원하지 않았다네. 나는 자네가 시계의 모든 부분을 간수하길 원했어." 시계를 빌려준 친구와 마찬가지로 하나님께서도 어찌됐든 불에서 구원받아 천국에 가는 그런 일반적인 방식으로 우리를 보호하시길 원치 않으십니다. 우리를 보호하시는 하나님의 능력은 우리 존재의 모든 부분에 적용됩니다.

어떤 이들은 하나님께서 자신들이 영적인 일들을 할 때만 지켜주실 뿐 속세의 일을 할 때는 지켜주시지 않으신다고 생각하기도 합니다. 그들은 후자는 하나님의 영역 밖에 있는 일이라고 말합니다. 하나님께서는 당신을 세상에 보내시어 일하게 하시지만 이렇게 말씀하지는 않으셨습니다. "나는 네가 가서 돈을 벌어 네 자신을 위한 생계를 잇도록 너를 떠나 있어야 한다." 그분께서는 당신이 스스로를 지킬 수 없음을 아십니다. 하나님께서는 "나의 자녀야, 네가 해야 할 일도 없고, 네가 관여해야 할 일도 없으며 한 푼의 돈이라도 쓸 필요가 없느니라. 네 아버지인 내가 그것들에 대해 맡을 것이다."라고 말씀하십니다. 하나님께서는 영적인 것뿐만 아니라 속세의 것도 돌보아 주십니다. 많은 이들이 인생의 대부분을 유혹과 오락에 휩싸여 보내지만 하나님께서는 그러한 것으로부터도 당신을 지켜주실 것입니다. 하나님의 보살핌은 모든 것을 포함하기 때문입니다.

어떤 이들은 시련에 처해 있을 때는 하나님께서 지켜주시지만 자신이 잘 해 나가고 있을 때는 그분의 보살핌이 필요 없다고 생각할지도 모릅니다. 또 어떤 이들은 이와는 정반대로 생각합니다. 만사가 잘 되어가 모든 것이 순조롭고 고요할 때는 하나님께 매달릴 수 있으나 힘든 시련이 닥칠 때 나의 의지는 거역적이 될 것이며 그러면 하나님께서는 나를 지키시지 않으실 것이라고 말입니다. 이제 내가 당신에게 알려주고자 하는 메시지는 당신이 역경에 있을 때나 번영 가운데 있을 때, 당신이 어둠에 있을 때나 빛 가운데 있을 때, 당신의 하나님께서는 늘 당신을 지켜주실 준비가 되어 있으시다는 것입니다. 이 보살핌에 대해서 이렇게 생각하는 사람도 있습니다. "하나님께서는 내가 큰 죄를 행하는 것을 막아주시긴 하실 것이지만 그분께서 지켜주시리라 기대할 수 없는 작은 죄가 내게 있다. 바로 성질의 죄이다. 하나님께서 내가 성질을 이기게 해주실 거라고 기대할 수 없다." 어떤 사람이 유혹 받아 비뚤어진 길을 갔다거나 혹은 술 취함이나 살인에 빠졌다는 말을 들을 때 당신은 자신에게 임한 하나님의 보살피시는 능력에 감사할 것입니다. "만일 하나님께서 저를 지켜주지 않으셨다면 저는 그 사람과 똑같은 일을 저질렀을지도 모릅니다." 그리고 당신은 그분께서 술 취해 살인을 저지르는 것으로부터 당신을 지키셨다고 믿습니다. 그런데 하나님께서 당신의 돌발적인 성질로부터 당신을 지켜주실 수 있음은 왜 믿지 않습니까? 당신은 이것이 그다지 중요하지 않다고 생각했습니다. 당신은 신약의 가장 큰 계명을 기억하지 못했습니다. "내가 너희를 사랑한 것 같이 서로 사랑하라." 당신의 성질과 성급한 판단과 날카로운 말이 터져 나올 때, 당신은 가장 최고의 법인 하나님의 사랑의 법을 범한 것입니다. 이에 대해 당신은 하나님께서 돌발적인 성질로부터 당신을 지키실 수 없다고 말하지 않고 지키시지 않으신다고 말할 것입니다. 당신은 아마 "그분은 하실 수 있다. 그러나 그것을 이루지 못하게 하는 뭔가가 내 안에 있는데, 하나님께서 그것을 치우시지 않으신다."라고 말할 것입니다.

당신에게 한 가지 중요한 질문을 하고 싶습니다. 믿는이들은 일반적으로 살아온 삶보다 더 신성한 삶을 살 수 있습니까? 믿는이들은 그들을 죄로부터 떼어놓는 하나님의 보호하시는 능력을 하루종일 경험할 수 있습니까? 믿는이들이 하나님과의 교통 안에서 보호받는 것은 가능한 일입니까? '하나님의 능력으로 보호하심을 입은'이라는 구절의 하나님의 말씀에서 내가 당신에게 전달하고자 하는 메시지는 이 구절에 하나님의 전지전능함을 완전히, 절대적으로 믿는다면 하나님께서는 기뻐하시며 당신을 지켜주시리라는 의미가 담겨 있다는 것입니다.

어떤 이들은 그들의 입의 모든 말이 하나님께 영광이 되는 것은 결코 쉽지 않은 일이라고 생각합니다. 그러나 그것이 바로 하나님께서 원하시는 것이요, 그것이 바로 하나님께서 그들에게서 기대하시는 것입니다. 하나님께서는 기꺼이 그들의 입에 파수꾼을 두실 것입니다. 만일 하나님께서 그렇게 하신다면, 그분께서 능히 그들의 혀와 입술을 지키시지 못하시겠습니까? 그분께서는 하실 수 있으십니다. 그것이 하나님을 믿는 그들을 위해 그분께서 하시려고 하시는 것입니다. 하나님의 지키심은 모든 것을 포함합니다. 하나님께서는 당신이 죄를 범하는 것을 막아주실 수 있으십니다.

두 번째로, 이 보살핌에 대해서 이해하길 원한다면 그것은 모든 것을 포함하는 보살핌일 뿐만 아니라 전능한 보살핌임을 기억하십시오. 하나님께서는 전능하십니다. 전능하신 하나님께서는 내 마음 안에서 역사하시기 위해, 그리고 나를 지키는 역사를 하시기 위해 자신을 주십니다. 물론 우리는 우리가 하나님의 전능하심과 관계 있기를 원합니다. 그러나 그보다 전능하신 분, 살아 계신 하나님과 관계 있기를 더욱 바랍니다. 당신은 시편에서 다윗이 사용한 많은 표현들이 훌륭하다고 생각할 것입니다. 예를 들어 그는 하나님에 대해서 말할 때, 우리의 하나님, 우리의 요새, 우리의 피난처, 우리의 견고한 성, 우리의 힘, 우리의 구원이라는 표현을 사용합니다. 다윗은 영원하신 하나님께서 어떻게 믿는 영혼의 은신처가 되시는지에 대해, 그리고 그분이 어떻게 믿는이를 그의 손 안에, 날개 그늘 아래 지켜주시는지에 대해 매우 잘 알았으며 그러한 보살피심 아래 살았습니다. 우리는 오순절의 자녀들입니다. 우리는 그리스도와 그리스도의 보혈과 하늘에서 보내주신 성령을 압니다. 그런데 어찌 우리의 보호자이신 전능하신 하나님과 한 걸음 한 걸음 행하는 것을 그렇게도 모른단 말입니까?

당신의 마음속에 은혜로운 역사가 있을 때마다 당신은 당신에게 복주시기로 약속하신 하나님의 전능하심 전체를 소유하고 있다는 것을 생각해 본 적이 있습니까? 만일 어떤 부자가 나에게 100파운드를 선물로 준다고 합시다. 그가 나에게 준 것은 그 소유의 일부일 것입니다. 그는 나에게 자신의 소유의 일부만을 주고 나머지는 자신을 위해 보관합니다. 그러나 하나님께서 그분의 능력을 우리에게 주시는 데 있어서는 그런 식으로 하시지 않으십니다. 하나님께서는 그분의 능력을 나누어 일부분만을 주시지 않으십니다. 그러므로 하나님과 접촉하고 교통하는 한 나는 하나님의 능력과 선하심을 체험할 수 있으며, 내가 그분 자신과 접촉하고 교통할 때 하나님의 전능하심 전체와 교통하고 접촉하며 그분의 전능하심이 나를 도우시는 것을 경험할 수 있습니다. 어떤 아들에게 부자 아버지가 있다고 합시다. 아들이 사업을 시작하려고 할 때, 아버지는 "아들아, 네 사업을 위해 네가 쓰고 싶은 만큼 써도 된다."고 말합니다. 아들은 아버지가 가진 모든 것을 자신의 의사대로 사용할 수 있습니다. 이러한 예에서 보여주는 것이 바로 전능하신 하나님께서 일하시는 방식입니다. 그러나 당신은 스스로를 하잘 것 없는 작은 벌레로 느끼기 때문에 하나님께서 그렇게 일하시는 방식을 받아들이지 못합니다. 그분의 전능하심이 작은 벌레를 지키는 데 필요하다니요! 그렇습니다. 그분의 전능하심은 흙 속에 사는 작은 벌레들을 보호하는 데 필요하며 우주를 지키는 데에도 필요합니다. 그뿐 아니라 그분의 전능하심은 당신과 나의 영혼을 죄의 세력으로부터 지키는 데에 더욱 필요합니다.

만일 당신이 은혜 가운데 성장하고 싶다면, 당신의 모든 판단과 명상과 생각과 행동과 질문과 학업과 기도 속에서 전능하신 하나님에 의해 보호받는 것을 배우는 데서부터 시작하십시오. 전능하신 하나님께서 자신을 믿는 자녀를 위해 해주실 수 없는 것이 무엇이겠습니까? 성경은, 하나님께서 "우리가 구하는 것이나 생각하는 것보다 더욱 넘치게 하실" 것이라고 말합니다. 당신이 알고 믿을 수 있도록 배워야만 하는 것은 하나님의 전능하심입니다. 당신이 그분의 전능하심을 배워서 알고 신뢰할 수 있다면 당신은 그리스도인이 마땅히 살아야만 하는 삶을 살 수 있게 될 것입니다. 이제까지 우리는 하나님 자신과, 신성한 삶이 하나님으로 가득한 삶이며 그분을 사랑하고 그분을 앙망하며 그분을 신뢰하고 그분으로 하여금 축복하시도록 내어드리는 삶이라는 것을 얼마나 배우지 못했는지 모릅니다! 우리는 하나님의 능력에 의하지 않고는 그분의 뜻을 이룰 수 없습니다. 하나님께서는 우리로 더 갈망하게 하시고 그분께서 하실 수 있는 모든 것을 요구하도록 예비하시는 그분의 능력에 대한 최상의 체험을 우리에게 주십니다. 하나님께서는 날마다 우리가 그분을 신뢰하도록 도와주십니다.

또한 이 지키심은 모든 것을 포함하고 전능할 뿐만 아니라 지속적입니다. 사람들은 때때로, "하나님께서는 한 주나 한 달 동안 나를 매우 놀랍게 지켜 주셨다. 나는 그분의 얼굴 빛 가운데 살았다. 또한 그분과 교통함으로 어떠한 즐거움을 가졌는지! 그분은 다른 사람들을 위한 나의 사역에 축복을 내리셨다. 그분은 내가 많은 영혼들을 구원할 수 있도록 하셨고 여러 번 나는 마치 독수리 날개를 타고 하늘로 올라가는 듯했다. 하지만 이러한 체험은 너무나 좋았지만 지속되지는 못했다."고 말합니다. 어떤 이들은 "내가 겸손케 되기 위해선 내가 넘어지는 게 필요했어."라고 말하며 또 다른 이들은 "나는 그것이 내 자신의 잘못임을 알지만 어쨌든 당신도 항상 정상(頂上)에서 살아갈 수는 없다."고 말하곤 합니다. 그러나 어떻게 해서 하나님의 지키심이 지속적이지 않고 중단될 수 있겠습니까? 생각해 보십시오. 모든 생명은 중단되지 않는 연속성 안에 있습니다. 만일 내 생명이 반시간 동안 멈춘다면 나는 죽을 것입니다. 생명은 지속적인 것입니다. 하나님의 생명은 그분의 교회의 생명이며 우리 안에 역사하시는 하나님의 전능하신 능력입니다. 하나님께서는 전능하신 분으로 우리에게 오셔서 나의 보호자가 되어주십니다. 하나님께서 지켜주심은 날마다 순간마다 그분께서 우리를 보호해 주실 것임을 의미합니다.

만일 당신에게 "하나님께서 어느 날 실질적인 범죄로부터 당신을 지켜주시리라고 생각하는가?"하고 묻는다면, 당신은 아마 "나는 그분께서 그렇게 하실 수 있을 뿐만 아니라 이미 그렇게 하셨다고 생각합니다. 하나님께서는 여러 날 동안 그분의 거룩한 임재 안에서 나의 마음을 지켜주셨습니다. 비록 내 안에 늘 죄 짓는 본성이 있음에도 불구하고 그분께서는 나를 의식적이고 실질적인 범죄로부터 지켜주셨습니다." 하고 대답할 것입니다. 만일 그분께서 한 시간이나 하루 동안 나를 지키실 수 있다면 이틀 동안 지키시지 못할 이유가 무엇이겠습니까? 하나님의 말씀에 계시된 대로의 그분의 전지전능하심을 당신의 기대의 척도로 삼으십시오. 하나님께서 "나 여호와가 매순간 지키며 물주리라"고 말씀하시지 않으셨습니까? 이 말씀이 의미하는 바가 무엇입니까? 이 말씀의 '매순간'이 참으로 매순간을 뜻하지 않겠습니까? 하나님께서 매순간 포도밭에 물을 주심으로 작렬하는 태양과 매서운 바람에 의해 결코 마르지 않게 하시겠다고 붉은 포도주의 포도밭에 약속하지 않으셨던가요? 그렇습니다. 남아프리카에서는 접목을 한 후 그 위에 물병을 묶어두어 계속 물방울이 떨어지게 함으로 접목한 부분을 적십니다. 그에 의해 접목한 부분에 적정 습도가 지속적으로 유지되어 결국 작렬하는 태양의 열을 감당할 수 있게 됩니다. 우리를 향해 그토록 부드러운 사랑의 마음을 가지신 우리의 하나님께서 그분이 약속하셨던 대로 매순간 우리를 지켜주시지 않으시겠습니까! 일단 우리가 그같이 믿기만 한다면 우리의 신앙 생활은 하나님의 행하심이 됩니다. "우리 안에서 행하시는 이는 하나님이시니 자기의 기쁘신 뜻을 위하여 우리로 소원을 두고 행하게 하시나니". 일단 우리가 이러한 것을 하나님에게서 기대하는 믿음을 소유하기만 한다면 그분께서 우리를 위해 모든 것을 하실 것입니다.

그 보호하심은 지속적인 것입니다. 매일 아침 당신이 깨어날 때, 하나님께서 당신을 만나실 것입니다. 이는 "만일 내가 아침에 그분에 대한 생각으로 깨어나는 것을 잊어버린다면, 어떻게 할까?"라고 염려할 문제가 아닙니다. 만일 당신이 당신의 깨어남을 하나님께 맡긴다면 그분께서는 당신이 깨어날 때 그분의 신성한 빛과 사랑으로 당신을 만나실 것이며 당신으로 하여금 "오늘 나에게는 전능한 능력으로 끊임없이 나를 보살펴주실 하나님께서 계신다."라는 의식을 갖게 하실 것입니다. 그리고 하나님께서는 당신을 날마다 만나실 것입니다. 하나님과 교통을 실행하면서 가끔씩 실패를 맛볼지라도 개의치 마십시오. 당신이 자신의 위치를 지키면서 "주님이시여, 저는 날마다 당신께서 저를 절대적으로 지켜주고 계심을 믿습니다."라고 고백한다면 당신의 믿음은 더욱 강해져 지속적인 하나님의 지키시는 능력을 알게 될 것입니다.

이제 믿음이라는 다른 측면을 보도록 합시다. "믿음으로 말미암아 하나님의 능력으로 보호하심을 입었나니". 우리가 어떻게 이 믿음을 보아야 하겠습니까? 우선, 이 믿음은 하나님 앞에 완전한 무능(impotence)과 무력(helplessness)을 의미합니다. 모든 믿음의 기저에는 무능의 느낌이 있습니다. 만일 집을 한 채 사기 위해 계약할 것이 있다면 부동산 양도 취급인은 반드시 내 이름으로 등기 이전하는 작업을 해야 합니다. 나는 그 일을 할 수 없습니다. 그 양도인을 신뢰함으로 나는 그 일을 할 수 없노라고 고백할 수 있습니다. 이와 같이 믿음은 언제나 무력을 의미합니다. 많은 경우에 있어서 믿음이 의미하는 것은, 나도 많은 수고를 하면 어떤 일을 해낼 수 있기는 하겠지만 다른 이가 나보다 더 잘 할 수 있다는 것입니다. 그러나 대부분의 경우에 있어서 믿음은 완전한 무능력으로서 다른 사람이 날 위해 그것을 해야만 한다는 것을 의미합니다. 그것은 영적 생명의 비밀입니다. 사람은 반드시 다음과 같이 말하는 것을 배워야 합니다. "나는 모든 것을 포기한다. 나는 애써왔고 갈망해왔으며 생각해왔고 기도해왔으나 실패했다. 하나님께서는 나를 축복해주셨고 도와주셨지만 결국에는 많은 죄와 슬픔이 야기되었다." 사람이 완전한 무능과 절망의 나락으로 떨어져 '나는 아무 것도 할 수 없다!'고 말할 때 얼마나 큰 변화가 일어나는지!

바울을 기억하십시오. 그는 축복받은 삶을 살았고 삼층천으로 이끌려갔습니다. 그가 삼층천으로 이끌려간 후 그의 육신에 가시, 곧 "그를 찌르는 사단의 사자"가 생겼습니다. 바울은 자신에게 무슨 일이 벌어졌는지 이해할 수 없었습니다. 그가 주님께 그것을 없애주실 것을 세 번이나 기도했지만 그분께서는 강하게 아니라고 말씀하셨습니다. "네가 자고할 수 있으므로 내가 이러한 시련을 네게 주어 너로 하여금 약하고 겸손케 한 것이다." 그로 인해 바울은 결코 잊은 적이 없는 교훈을 배웠는데, 그것은 자신의 약함 가운데서 기뻐하는 것이었습니다. 그는 자신이 약할수록 그에게 더 유익이 있다고 했는데, 이는 약해질 때 주 그리스도 안에서 더 강건해질 수 있는 이유에서입니다.

당신은 사람들이 말하는 '더 높은 삶'에 들어가기를 원하십니까? 그렇다면 한 단계 더 낮은 데로 내려가십시오. 우리가 완전히 무기력한 상태에 이르게 되는 그때 우리의 영원하신 하나님께서 그분의 능력 가운데 그분 자신을 계시하시고 우리 마음은 하나님만 신뢰하는 것을 배우게 됩니다.

우리가 그분을 완전히 믿지 못하게 방해하는 것은 무엇입니까? 많은 이들은 "만일 나의 믿음이 늘 완전하여 약해지지 않는다면 모든 것이 올바를 것이다. 왜냐하면 하나님께서 믿음을 귀하게 보시기 때문이다."라고 말합니다. 그러나 어떻게 그 믿음을 얻을 수 있습니까? 이에 대한 나의 대답은 자아가 죽음으로써 가능하다는 것입니다. 믿지 못하게 하는 큰 장애물은 자기 노력입니다. 자신의 지혜와 생각과 힘을 가지고 있는 한 하나님을 완전히 믿을 수 없습니다. 그러나 하나님께서 당신을 완전히 압도하실 때, 모든 것이 당신 눈 앞에 희미해지기 시작할 때, 당신이 아무 것도 이해할 수 없음을 깨달을 그때 하나님께서 가까이 오십니다. 만일 당신이 아무 것도 아닌 상태로 엎드려 하나님을 앙망한다면, 그분은 당신에게 전부가 되실 것입니다. 우리가 무엇인가 (something)가 되는 한 하나님께서는 전부가 되실 수 없고 그분의 전능하심은 온전하게 역사할 수 없습니다. 자신에 대한 완전한 절망, 이 땅의 사람과 만물로부터의 분리, 그리고 하나님 한 분에게서만 우리의 소망을 찾는 것이 바로 믿음의 시작입니다.

다음으로 우리는 믿음이 안식이라는 것을 이해해야만 합니다. 믿음 생활의 초기에 믿음은 일종의 분투와 같습니다. 그러나 우리의 믿음이 분투하고 있는 한 믿음은 그 힘을 얻지 못합니다. 그 분투하는 믿음을 하나님께 던짐으로 분투하는 믿음이 끝나고 그분께 안식한다면 기쁨과 승리를 얻게 될 것입니다.

케스윅 총회(Keswick Convention)가 어떻게 시작되었는지 살펴보면 이러한 부분에 대한 이해가 더 명확해질 수 있을 것입니다. 캐논 배터스바이(Canon Battersby)는 20년 이상 영국 성공회에서 전도에 힘쓴 목사입니다. 그는 온유하고 깊이 있는 경건한 사람이었지만 죄에 대한 승리와 안식에 대해 알지 못했으며 따라서 실패와 좌절과 죄에 대한 생각으로 자주 깊은 슬픔에 빠지곤 했습니다. 승리의 가능성에 대해 들었을 때, 그는 그것이 바랄 만한 것이기는 하지만 얻을 수는 없는 것이라 느꼈습니다. 한 번은 그리스도께 자신의 아들을 치료해주시기를 구하기 위해 가버나움에서 가나로 온 귀족의 이야기에서 '안식과 믿음'에 대한 설교를 들었습니다. 그 설교는 그 귀족이 그리스도께서 그를 일반적인 방식으로 도와주리라고 믿었음을 보여주었습니다. 그 설교 내용은 다음과 같습니다. "그는 그리스도께서 자신을 도와주시길 바랬지만 그 도움에 대한 확신은 없었습니다. 그러나 어떤 일이 일어났는지 아십니까? 그리스도께서 그에게 '네 길을 가라. 네 아이는 살았느니라'고 말씀하셨을 때, 그는 그분의 말씀을 믿고 그 안에서 안식했습니다. 그는 아이가 다시 좋아지리라는 아무런 증거도 없이 가버나움까지 일곱 시간이나 되는 여정을 다시 되돌아가야 했습니다. 그가 걸어서 돌아가는 길에 하인을 만나 아이가 좋아졌다는 소식을 처음으로 들었습니다. 전

날 오후 한 시에, 바로 그리스도께서 그에게 말씀하셨을 때, 아이의 열은 떨어졌습니다. 그 아버지는 예수님의 말씀과 그분의 역사에 안식했습니다. 그리고는 가버나움에 돌아와 아이가 좋아졌음을 보았습니다. 이에 대해 그는 하나님을 찬양하고 예수의 제자가 되었습니다. 그것이 믿음입니다. 하나님께서 지키신다는 약속과 함께 나를 방문하실 때 비록 이 땅 위에 그 약속을 신뢰할 만한 것이 아무 것도 없을지라도 하나님께 "당신의 말씀만으로도 충분합니다."라고 말씀드릴 수 있어야 합니다. '하나님의 능력으로 보호하심을 입었나니'. 이것이 믿음이요 안식입니다."

캐논 배터스바이가 그 설교를 들었을 때, 그는 집에 돌아가 밤의 어둠 속에서 예수의 말씀에 안식했습니다. 다음날 그는 친구에게 자신이 안식을 찾았다고 말했습니다. 사람이 성질과 성급함과 분노와 미움과 자만과 죄의 유혹으로 가득한 삶의 매순간을 하나님의 전능하신 힘에 안식한다는 것은 위대한 일이라고 말하지 않을 수 없습니다. 어떤 사람이 한 말이나 나의 마음이 느끼는 어떤 것에 의하지 아니하고 "믿음으로 말미암아 하나님의 능력으로 보호하심을 입었나니"라는 하나님의 말씀의 능력에 의지하여 전능하신 여호와의 약속 안으로 들어가는 것은 참으로 위대한 일입니다. 하나님께 당신이 그분을 끝까지 증거할 것이라고 말씀드리십시오. "오 나의 하나님, 저의 삶이 하나님의 전능하심을 증거할 수 있는 삶이 되게 하소서. 매일 저의 영혼이 깊은 무능력과 단순하고, 아이 같은 안식에 들어가게 하소서."

믿음에 관하여 한 가지 더 기술해야 할 것이 있습니다. 믿음은 하나님과의 교통을 의미한다는 것이 그것입니다. 당신은 하나님과 그분의 말씀을 분리시킬 수 없습니다. 하나님을 떠나서는 어떤 선과 능력도 받을 수 없습니다. 만일 당신이 이러한 경건한 삶 가운데 들어가길 원한다면 하나님과 교통할 시간을 가져야만 합니다.

사람들은 종종 내게 "나의 삶은 아주 분주하여 하나님과 교통할 시간이 없습니다"라고 말합니다. 어떤 선교사는 내게 "사람들은 우리 선교사들이 얼마나 많은 유혹을 받는지 모릅니다. 새벽 5시에 일어나면 일을 위해 명령을 기다리는 원주민들을 대해야 합니다. 그런 다음 학교에 가서 몇 시간을 보내야 합니다. 그리고는 또 다른 일거리가 있습니다. 16시간이 후딱 가버립니다. 하나님과 홀로 있을 시간을 내기가 거의 힘듭니다."라고 말합니다. 거기에 부족함이 있습니다. 두 가지를 기억하십시오. 나는 당신에게 하나님의 전능하심을 어떤 사물을 믿듯이 믿으라거나 기록된 책으로서의 하나님의 말씀을 믿으라고 강요하고 있는 것이 아닙니다. 단지 전능하신 하나님, 말씀의 하나님께로 나아가라고 말하고 있을 뿐입니다. 앞에 언급한 귀족이 살아 계시는 그리스도를 대한 것처럼 그렇게 하나님을 대하십시오. 어떻게 해서 그는 그리스도께서 그에게 하신 말씀을 믿을 수 있었겠습니까? 그는 하나님의 아들이신 예수의 그 눈과 음성과 어조에서 그분을 믿을 수 있게끔 하는 어떤 것을 보고 듣고 느꼈습니다. 그것이 바로 그리스도께서 당신을 위해 하실 수 있는 것입니다. 안에서부터 믿음이 솟아나게 하려고 애쓰지 마십시오. 당신은 스스로 마음의 깊은 곳으로부터 믿음을 불러일으킬 수 없습니다. 단지 당신의 마음을 그대로 두고 그리스도의 얼굴을 들여다보고 그분께서 당신을 어떻게 지키실 것인지에 대해 말씀하시는 것을 들으십시오. 당신의 사랑스러운 아버지의 얼굴을 올려다보며 매일 그분과 시간을 가지고 아무 것도 가지지 않은, 곧 그분으로부터 모든 것을 받기를 기다리는 자의 가난한 마음으로 새로운 삶을 시작하십시오. 살아 계시는 하나님, 전능하신 여호와의 깊은 안식속에서 시작하십시오.

나는 "당신은 기꺼이 하늘에 속한 유산을 지키시는 그 신성한 보호하심을 온전히 경험하고자 하십니까?"라는 질문을 던짐으로써 이 메시지를 마치고자 합니다. 로버트 머레이 메케인(Robert Murray M' cheyne)은 "오 하나님이여, 용서받은 죄인이 거룩케 될 수 있는 만큼 나를 거룩하게 해주소서."라고 기도했습니다. 만일 당신이 그렇게 기도하고자 하고 그 기도가 당신 마음에 있다면 영원하시고 전능하신 여호와와의 언약 안으로 들어가십시오. 극도의 무능함 가운데, 그러나 최고의 안식 안에서 당신 자신을 그분의 손에 맡기십시오. 당신이 그 약속 안으로 들어가게 될 때 영원하신 하나님께서 당신의 친구가 되실 것이며 매일 순간 순간마다 당신의 손을 붙드시리라는 것을 온전히 믿으시기 바랍니다. 당신의 보호자께서는 일 분도 쉼 없이 당신을 지켜주십니다. 당신의 아버지는 당신의 영혼 안에 그분 자신을 나타내시기를 항상 기뻐하십니다. 그분은 사랑의 빛이 늘 당신과 함께하도록 만드실 능력이 있으십니다. 자연의 태양이 온종일 당신을 비추어 당신이 그 빛을 누리듯이, 하나님 역시 그분의 신성한 빛을 당신 위에 비추실 것이며 당신은 그 빛 가운데 거하게 될 수 있을 것입니다. 당신이 그분을 신뢰하기만 한다면 말입니다.

전능하신 하나님께서 여기 계시고 그 전능하심에 도달할 수 있는 믿음이 또한 여기에 있습니다. 당신은 하나님의 전능하심이 할 수 있는 모든 것을 인하여 그분을 신뢰하겠다고 말하지 않겠습니까? 하나님의 전능하심이 나를 삼싸고 보잘 것 없는 나의 의지가 그 전능하심 속에 안식하고 기뻐하는 이 신성한 생명의 양면이 놀랍지 않습니까?

> 매순간, 하나님의 사랑이 날 지키네
> 매순간, 나는 위로부터 오는 생명을 얻네
> 예수를 보라, 영광이 빛 비춘다
> 매순간, 오 주여, 나는 당신의 것이랍니다

12/ 너희는 가지니

모든 것은 우리가 그리스도와 어떤 관계를 맺는가에 달려 있습니다. 내가 양질의 사과를 원한다면 양질의 사과나무를 가져야만 합니다. 내가 사과나무의 건강을 돌본다면 그 사과나무는 양질의 사과를 내게 공급해줄 것입니다. 우리 그리스도인의 일이 이와 같습니다. 만일 그리스도와 함께하는 우리의 삶이 올바르다면 모든 것이 올바를 것입니다. 사역의 여러 방면에는 교육과 제안과 도움과 훈련이 필요할 것입니다. 그 모든 것은 그 나름대로의 가치가 있지만 결국 그리스도 안에서 완전한 생명을 얻는 것, 다시 말해서 우리를 통해서 일하시는, 우리 안에 계시는 그리스도를 소유하는 것이 가장 중요한 것입니다.

요한복음 15장 5절의 포도나무와 가지의 비유에서 주님께서는 "나는 포도나무요 너희는 가지니"라고 말씀하셨습니다.

가지가 되는 것, 나무의 가지가 되는 것, 포도나무의 가지가 되는 것은 얼마나 단순한 것인지 모릅니다. 가지는 나무에서 자랍니다. 가지는 나무에서 살며 성장하며 때가 되면 열매를 맺습니다. 뿌리와 줄기에서 진액과 양분을 얻는 것 외에는 가지에게는 아무런 책임이 없습니다. 그런데 만일 우리가 성령에 의해 우리와 주님과의 관계를 알기만 한다면 우리의 사역은 이 지구상에서 가장 빛나고 가장 신성한 것으로 바뀔 것입니다. 그리고 우리 영혼의 지침과 고갈됨 없이 우리 사역은 우리를 예수와 연결시키는 전혀 새로운 경험이 될 것입니다. 그러나 애석하게도 우리의 사역이 우리와 예수님 사이에 위치한다는 것은 종종 사실이지 않습니까? 얼마나 어리석은지! 그분께서 내 안에서 하셔야 하고 내가 그분을 위해 해야 할 그 일을 나를 그리스도에게서 분리시키는 식으로 한다니 말입니다. 포도밭에서 일하는 많은 노동자들은 일이 너무 많아 예수님과 친밀하게 교통할 시간이 없다고 불평합니다. 또한 그의 일상의 업무가 기도에 대한 기호를 약화시키며 사람들과의 너무 많은 교제가 영적인 생명을 약화시킨다고 불평합니다. 열매를 맺겠다고 한 일이 가지를 포도나무에서 분리시키는 결과를 낳게 되는 것은 참으로 슬픈 일이 아닐 수 없습니다. 그것은 틀림없이 우리가 우리의 일이 열매를 맺는 가지가 아닌 어떤 다른 것이라 여기는 데서 기인합니다. 하나님께서 우리가 그리스도인의 생활을 하면서 빠지기 쉬운 모든 오

류로부터 우리를 구원해 주시기를 구합니다.

 이제 이 축복된 가지의 생명에 대해 내가 가진 몇 가지 생각을 말하고자 합니다.
 우선, 그것은 절대적인 의존의 생명입니다. 가지는 아무 것도 가진 게 없이 모든 것을 포도나무에 의존할 뿐입니다. '절대적 의존'이라는 말은 가장 경건하고 값진 말 중 하나입니다. 독일의 한 위대한 신학자는 몇 년 전에 칼빈의 신학은 바로 하나님에 대한 절대적인 의존의 원칙으로 요약된다는 것을 보여주는 두 권의 방대한 책을 썼습니다. 그가 옳습니다. 또 다른 위대한 저자는 절대적이며 변함없이 하나님만을 의존하는 것은 천사의 신앙의 본질이자 사람의 신앙의 본질이여야만 한다고 말했습니다. 천사에게 있어서 하나님은 전부이십니다. 그분은 그리스도인에게도 전부가 되기를 원하십니다. 만일 내가 나날의 순간을 하나님께 의지하는 법을 배운다면 만사가 제대로 될 것입니다. 만일 당신이 절대적으로 하나님께 의지한다면 당신은 더 고귀한 삶을 얻게 될 것입니다.
 이제, 여기서 우린 포도나무와 그 가지들을 보게 됩니다. 당신이 모든 포도나무와 식탁에 오르는 포도송이를 볼 때마다 가지가 포도나무에 절대적으로 의존한다는 사실을 상기하게 될 것입니다. 포도나무는 맡은 일을 해야만 하고 가지는 그 열매를 누립니다. 포도나무는 뿌리를 내려 땅 속의 영양분을 찾아다니고 수분을 흡수하는 중요한 일을 해야 합니다. 어떤 방향에 거름의 성분을 놓아두면 포도나무는 그곳으로 그 뿌리를 뻗습니다. 뿌리나 가지 속에서 수분이나 거름이 진액으로 바뀌어지면서 열매를 맺게 됩니다. 포도나무는 그런 일을 하고 가지는 열매를 맺기 위해 포도나무로부터 진액을 공급받기만 하면 됩니다. 햄프턴 광장(Hampton Court)에는 가끔씩 수천 다발의 포도를 여는 포도나무가 있습니다. 방문객들은 그 포도나무의 거대한 성장과 탐스러운 결실에 놀라움을 금치 못합니다. 그 포도나무가 그렇게 크게 성장하여 탐스런 열매를 맺는 원인은 여기에 있습니다. 그로부터 얼마 멀지 않은 곳에 테임즈 강이 흐르고 포도나무의 뿌리는 수백 야드 떨어진 강변까지 지하로 뻗어가서 풍성한 영양분과 수분을 얻습니다. 뿌리가 수분과 양분을 흡수하여 그 먼 거리에서 포도나무에까지 공급한 결과로 가지는 풍성한 결실을 맺습니다. 포도나무는 해야 할 일을 하고 가지는 포도나무에 의지하며 나무가 공급하는 것을 받을 뿐입니다.

이것은 주 예수님과의 관계에서도 마찬가지가 아닙니까? 내가 사역해야만 할 때, 설교를 해야만 할 때, 혹은 성경 연구반에서 연설할 때나 가난하고 소외된 사람들을 돌보아야 할 때, 그 사역의 모든 책임은 그리스도 위에 있음을 반드시 이해해야만 하지 않겠습니까?

그것이 바로 그리스도께서 당신에게 원하시는 것입니다. 그리스도께서는 당신이 모든 사역의 책임을 그리스도 위에 두기를 원하십니다. 우리의 사역의 기초는 바로 그리스도께서 모든 것을 돌보셔야 한다는 아주 단순하고 복된 인식입니다.

그분께서 그 의존의 믿음을 어떻게 이루어주시는지 아십니까? 그분께서 성령을 보내심으로써 그렇게 해주십니다. 특별한 선물처럼 성령을 어쩌다 가끔 주시는 것이 아닙니다. 포도나무와 가지들은 매 시간, 매일 쉬지 않고 살아 있는 연결을 갖습니다. 진액은 잠깐 흐르다 멈추고 또 다시 흐르는 것이 아니라 포도나무에서 가지로 순간 순간 흐릅니다. 바로 그렇게 주님께서는 내가 아침마다, 날마다, 매시간 아무 것도 모르며 아무 것도 아니며 아무 것도 할 수 없는 자의 무능함 가운데서 그분 앞에 거하길 원하십니다. '아무 것도 아니다(nothing)'라는 말을 상고해 보십시오. 당신은 종종 "오 아무 것도 아니라네, 아무 것도 아니라네."라고 찬송합니다. 그러나 당신은 진실로 그 말에 대해 상고하고 그 빛 가운데서 날마다 기도하며 하나님을 경배해 왔습니까? 당신은 '아무 것도 아니나'라는 말의 복됨을 알고 있습니까?

만일 내가 '무언가(something)'라면 하나님께서는 '모든 것 (everything)'이 되실 수 없습니다. 그러나 내가 아무 것도 아닐 때 하나님께서는 모든 것이 되실 수 있으며 영원하신 하나님께서는 그리스도 안에서 그분 자신을 온전하게 계시하실 수 있습니다. 그것이 한층 더 고귀한 삶입니다. 우리는 아무 것도 아닌 자가 될 필요가 있습니다. 어떤 이는 말하기를 스랍(seraphim)과 그룹(cherubim)은 자신들이 아무 것도 아님을 깨닫고 하나님으로 하여금 그분의 충만과 영광과 광채를 그들 안에 두시게 한 까닭에 불꽃이 되었다고 했습니다. 그들은 아무 것도 아닙니다. 하나님께서 그들 안팎의 모든 것이십니다. 이와 같이 깊은 실제 안에서 아무 것도 아닌 자가 되십시오. 그리고 그리스도께서 당신 안에서 모든 것을 역사하실 수 있도록 더 가난하고 더 낮고 더 무능력하게 되는 이 한 가지를 배우시기 바랍니다.

먼저, 아무 것도 아닌 존재가 되기를, 무능하게 되기를 배우십시오. 하나님께 절대적으로 의존함은 그리스도인의 사역에 있어서 모든 능력의 비결입니다. 가지는 다름 아닌 포도나무에게서 얻은 것을 갖습니다. 당신과 나 또한 다름 아닌 예수께로부터 얻은 것을 소유합니다.

두 번째로 가지의 생명은 완전한 의존의 생명일 뿐만 아니라 깊은 안식의 생명입니다. 만일 그 작은 가지-그 햄프턴 광장에 있는 포도나무 가지이거나 혹은 양지바른 땅인 남아프리카에서 볼 수 있는 수백만의 포도나무 중 한 가지가 생각할 수 있다면, 느낄 수 있다면, 말할 수 있다면, 내가 "포도나무 가지야, 와서 내게 말해 보렴. 내가 어떻게 살아있는 포도나무의 진정한 가지가 될 수 있는지를 네게 배우고 싶어." 라고 말할 때, 무엇이라 대답하겠습니까? 그 작은 가지는 속삭일 것입니다. "여보세요, 저는 당신이 똑똑하다고 들었어요. 그리고 당신은 많은 훌륭한 일을 할 수 있다는 것도 알고 있지요. 당신은 또한 많은 힘과 지혜도 있는 사람이지요. 하지만 당신을 위한 한 가지 교훈이 있답니다. 그리스도의 사역을 할 때에 당신의 모든 조급함과 노력으로는 결코 발전할 수 없어요. 당신이 필요로 하는 첫 번째 것은 당신의 주 예수께 가서 안식하는 것입니다. 그것이 제가 하는 것이지요. 그 포도나무로부터 자란 지 여러 해가 되었지만 제가 한 일이라고는 포도나무에서 휴식한 것뿐이랍니다. 봄이 되었을 때, 저는 아무 걱정도, 염려도 하지 않았답니다. 포도나무는 진액을 제게 공급히기 시작했고 꽃 봉우리와 꽃잎이 싹트기 시작하였지요. 여름이 되었을 때도 저는 걱정하지 않았어요. 그 무더위 속에서도 저는 포도나무가 나를 신선하게 지켜주기 위해 수분을 공급해 주리라 의심치 않았지요. 수확기에 주인이 포도를 따러 왔을 때도 염려치 않았답니다. 혹 포도에 흠이 있더라도 주인은 결코 가지를 탓하지는 않았어요. 비난은 늘 포도나무에게로 돌아갔지요. 만일 당신이 산 포도나무이신 그리스도의 참된 가지가 되고 싶다면 단지 그분께 안식하세요. 그리스도께서 책임을 지게 하세요."

당신은, "그렇게 하면 나태해지지 않을까요?"라고 물을 것입니다. 나는 그렇지 않다고 말하겠습니다. 살아 계시는 그리스도께 의지하는 것을 아는 이는 그 누구도 나태하지 않습니다. 당신이 그리스도와 더 가까이 접촉하면 할수록 그분의 열정과 사랑의 영이 당신에게서 더욱 더 생겨날 것입니다. 전적으로 의지하는 가운데 깊은 안식을 더함으로 사역을 시작하십시오. 어떤 이는 때때로 하나님을 의지하려 애쓰고 애쓰면서도 자신이 절대적으로 의존할 수 있는지를 염려합니다. 그러면 절대적으로 의존하려고 애써도 결국 얻을 수 없게 됩니다. 날마다 온전한 안식 안에 잠기는 삶을 살아야 합니다.

당신의 강한 손 안에 나를 누입니다
그러면 일은 다 되리니
그 누가 전능하신 그분처럼
훌륭히 일할 수 있으리

앞으로부터 오는 복된 평강과 안식 안에서 매일 예수님의 발아래 당신의 자리를 두십시오.

내게 아무 염려도 없습니다. 나의 걱정은 그분의 것입니다. 나는 두렵지 않습니다. 그분이 나의 모든 두려움을 돌보아 주십니다.

당신을 통해 일하길 원하시는 분은 바로 주 예수님이심을 이해하십시오. 당신은 열렬한 사랑이 당신에게 부족함을 불평합니다. 그러한 사랑은 예수님께로부터 올 것입니다. 그분께서는 신성한 사랑을 당신 마음 안에 주셔서 당신으로 하여금 사람들을 사랑할 수 있게 하실 것입니다. "성령으로 말미암아 하나님의 사랑이 우리 마음에 부은 바 됨이니"라는 말씀은 확신의 의미를 담고 있습니다. 또 다른 말씀에서는 "그리스도의 사랑이 우리를 강권하시나니"라고 말합니다. 그리스도께서는 당신에게 사랑의 샘을 주셔서 가장 타락하고 배은망덕한 사람들, 혹은 당신을 극도로 지치게 하는 사람들을 사랑하지 않을 수 없게 하십니다. 그리스도 안에서 안식하십시오. 그분께서는 지혜와 힘을 주실 수 있으십니다. 당신은 사람들과 항변하며 논쟁합니다. 이것은 그들로 당신에 대해 "나와 논쟁하고 분투하려는 사람이 있다."는 인상을 받게 합니다. 그러나 당신이 하나님께 안식할 때 그리스도 예수 안에 있는 안식, 하늘의 평강과 거룩함과 안식이 말로 다 할 수 없는 많은 축복을 당신의 마음에 가져다 줄 것입니다.

　세 번째로 가지는 우리에게 많은 결실의 교훈을 가르쳐줍니다. 당신도 알다시피 예수 그리스도께서는 포도나무와 가지의 비유에서 '열매'라는 말을 반복하여 사용하셨습니다. 그분께서는 맨 처음에는 과실에 대해서 말씀하셨고 그 다음에는 더 많은 과실에 대해 말씀하셨으며, 마지막에는 더욱 많은 과실에 대해서 말씀하셨습니다. 그렇습니다. 당신은 열매를 맺을 뿐 아니라 많은 열매를 맺도록 주님에 의해 운명지어졌습니다. "너희가 과실을 많이 맺으면 내 아버지께서 영광을 받으실 것이요". 처음에 그리스도께서는, "내가 참 포도나무요 내 아버지는 그 농부라"고 말씀하셨습니다. 그리스도와 가지들 사이의 관계를 지켜보고 계시는 분은 바로 하나님이십니다. 그리스도로 말미암아 우리가 열매를 맺는 것은 바로 하나님의 능력 안에서입니다.

　이 나라는 복음의 부족으로 죽어가고 있습니다. 예를 들어 당신의 사랑하는 친구가 죽음의 위험 가운데 빠져 있어 몇 알의 포도 외에는 그를 회복시킬 수 있는 방법이 없는데 그때는 포도 철이 아니라고 합시다. 이 죽어 가는 친구에게 영양분이 되는 포도를 얻으려면 어떤 어려움을 감수해야 하는지! 당신 주위에 결코 교회를 가지 않는 수백만의 사람들이 있습니다. 또한 많은 이들이 교회에 가기는 하지만 그리스도를 알지 못합니다. 그런데 신성한 포도나무의 포도는, 하나님의 자녀가 그리스도와의 교통 안에서 그의 내적 생명으로 열매를 맺는 것 외에는 어떤 대가로도 얻어질 수 없습니다. 하나님의 자녀가 신성한 포도나무의 진액으로 채워지지 않는다면, 그들이 성령과 예수님의 사랑으로 채워지지 않는다면, 그들은 참된 신성한 포도를 풍성하게 맺을 수 없습니다. 주위에 많은 사역이 있습니다. 전도하고 가르치고 심방하는 등 온갖 종류의 진지한 노력이 있지만 그 안에 하나님의 능력의 나타남은 그리 많지 않습니다.

이러한 현상은 무엇이 부족함으로 인한 것입니까? 일꾼과 신성한 포도나무 사이의 밀접한 연결의 부족이 하나님의 능력의 나타남을 저해합니다. 신성한 포도나무이신 그리스도께서는 죽어 가는 수천 수만의 사람들에게 축복을 내려주실 수 있으십니다. 신성한 포도나무이신 그리스도께서는 신성한 포도를 생산할 능력이 있으십니다. 그러나 "당신은 가지입니다." 그러므로 만일 당신이 예수 그리스도와 친밀한 관계를 유지하지 않는다면 신성한 열매를 맺을 수 없습니다.

사역과 열매를 혼동하지 마시기 바랍니다. 신성한 포도나무의 열매가 아닌, 그리스도를 위한 수많은 사역이 있을 수 있습니다. 단지 사역하려고만 하지 마십시오. 이 열매를 맺는 문제를 연구하십시오. 그것은 바로 하나님의 아들의 마음속에 있는 바로 그 생명이며, 바로 그 능력이며, 바로 그 성령이며, 바로 그 사랑입니다. 또한 그것은 당신과 내 마음으로 들어오신 신성한 포도나무이신 그분을 의미합니다.

당신도 아는 바와 같이 포도의 종류는 다양합니다. 이 나라에서, 프랑스에서, 멀리 떨어진 케이프(Cape) 등지에서 각각 다른 이름을 가진 많은 종류의 포도나무가 자랍니다. 모든 포도나무는 포도에 독특한 맛과 풍미를 주는 특유의 향기와 즙을 어김없이 공급합니다. 바로 그와 같이 예수 그리스도의 마음에는 생명과 사랑과 성령과 축복과 사람을 위한 능력이 있는데, 이것들은 완전히 하늘에 속하고 신성한 것으로 우리 마음에 들어올 것입니다. 신성한 포도나무와 친밀한 관계를 갖고서 "주 예수여, 제가 원하는 것은 단지 당신을 통하여 흐르는 진액, 곧 당신의 신성한 생명의 성령뿐입니다. 주 예수여, 당신을 위한 나의 모든 사역 가운데 당신의 성령으로 제게 흐르시게 하소서."하고 말하십시오.

신성한 포도나무의 진액은 다름 아닌 성령임을 다시 한 번 말하고 싶습니다. 성령께서는 신성한 포도나무의 생명이십니다. 당신이 그리스도로부터 받아야만 하는 것은 오로지 성령의 강한 유입(流入)일 뿐입니다. 당신에게는 그러한 성령의 유입이 매우 필요합니다. 이것 외에 당신에게 결핍된 것은 없습니다. 그것을 기억하십시오. 그리스도께서 여기서 약간의 힘을 주시고 저기서 약간의 축복을 주시고 또 저기서 약간의 도움을 주시리라 기대하지 마십시오. 포도나무가 그 독특한 진액을 가지에 공급함으로써 자신의 일을 하듯이 그리스도께서 그분 자신의 성령을 당신의 마음에 주시기를 기대하십시오. 그러면 당신은 많은 열매를 맺을 수 있을 것입니다. 만일 당신이 열매 맺기 시작했다면, 그리스도께서 비유에서 언급하셨던 '더 많은 과실', '더욱 많은 과실'이라는 말에 귀를 기울이십시오. 더 많은 과실을 맺기 위해서는 당신의 삶과 마음에 예수님이 더욱 필요함을 명심하십시오.

네 번째는 가지의 생명은 친밀한 연합의 생명이라는 것입니다. 다시 한번 묻겠습니다. 가지가 해야 할 일은 무엇입니까?'거하라(Abide)'가 그리스도께서 사용하신 귀한 말씀임을 당신은 알고 있습니다. 당신의 삶은 거하는 삶입니다. 그 거함은 어떠한 것입니까? 그것은 포도나무의 가지와 같이 매순간 거하는 것입니다. 가지들은 1월에서 12월까지 포도나무와 한 순간도 떨어지지 않는 밀접한 연합 가운데 있습니다. 그런데 나는 날마다 하늘에 속한 포도나무에 거하는 연합 안에 살 수 없단 말입니까? 당신은 "나는 다른 많은 일에 점유되어 있습니다."하고 말합니다. 당신은 아마 매일 열 시간 동안 힘든 일을 하며 그 시간 동안 당신의 두뇌는 그러한 일들로 점유되어 있을 것입니다. 하나님께서는 사람에게 일하도록 명하셨습니다. 그러나 거하는 일은 마음의 일이지 두뇌의 일이 아닙니다. 거하는 일은 예수께 매달려 안식하는 마음의 일, 성령께서 예수 그리스도께 우리를 연결시키시는 그런 일입니다. 당신은 두뇌보다 더 깊은 곳, 속 생명의 깊은 곳에서 그리스도 안에 거함으로 매순간 자유로움 가운데 "찬송받으실 예수여, 저는 여전히 당신 안에 있습니다."라는 의식을 가질 수 있음을 믿으십시오. 만일 당신이 잠시 동안 다른 일을 한 켠으로 밀어놓고 신성한 포도나무와 접촉한다면 열매가 열리는 것을 체험할 것입니다.

이러한 '거하는 연합'을 우리의 삶에 어떻게 적용시킬 수 있겠습니까? '거하는 연합'을 우리 삶에 적용시키는 것은 은밀한 기도로 그리스도와 밀접한 교통을 갖는 것입니다. 내가 확신하건대 더 수준 높은 생활을 갈망하고 때로는 큰 축복도 얻으며, 또 어떤 때에는 신성한 즐거움의 엄청난 유입과 신성한 기쁨의 유출을 경험하는 그리스도인들이 있습니다. 그러나 얼마 지나지 않아 그러한 것들은 다 사라져버립니다. 그들은 그리스도와의 친밀하고 개인적이며 실질적인 연합이 매일의 생활을 위해 절대적으로 필요함을 이해하지 못합니다. 그리스도와만 함께하는 시간을 가져 보십시오. 당신이 행복하고 거룩한 그리스도인이 되는 데에는 하늘에서나 땅에서나 이보다 더 필요한 것이 없습니다.

얼마나 많은 사람들이 하나님과만 많은 시간을 갖는 것이 짐이자 의무이며 어려움이라고 보고 있는지 모릅니다! 이러한 생각이 어디에서나 우리 그리스도인의 생활에 크나큰 장애입니다. 우리에게는 하나님과의 더 조용한 교통이 필요합니다. 신성한 포도나무의 이름으로 말하거니와 하나님과의 교통을 위해 많은 시간을 들이지 않는다면 당신은 신성한 진액이 흐르는 건강한 가지가 될 수 없습니다. 만일 당신이 그분과만 함께하기 위해, 그분께서 당신 안에서 역사하시도록 하기 위해, 당신과 그분 사이의 관계의 연결을 유지하기 위해 날마다 시간을 들이지 않는다면 그분으로부터 지속적인 교통의 축복을 받을 수 없습니다. 하나님과의 친밀한 교통 가운데 사십시오!

이 메시지에서 말하고자 하는 나의 마지막 요점은 가지의 생명은 절대적 순종의 생명이라는 것입니다. 절대적 순종이라는 말은 위대하고 경건한 말입니다. 나는 우리가 그 의미를 이해하지 못한다고 믿습니다. 그러니 그 작은 가지가 절대적 순종의 의미가 무엇인지 가르쳐주고 있습니다. "작은 가지야, 포도를 맺는 일 외에 네가 할 일이 있느냐?" "아무 것도 없습니다." "너는 포도를 맺는 일 외에는 어떤 것에도 적합하지 않음을 아느냐?" 작은 가지는 포도를 맺는 일 외에는 어떤 것에도 적합하지 않습니다! 성경은 포도나무의 일부분은 연필로 사용될 수조차 없으므로 태워져 버리는 것 외에 어떤 것에도 쓸모 없음을 말합니다. "이제, 작은 가지야, 포도나무와 너의 관계에 대하여 어떻게 생각하느냐?" "나의 관계는 단지 이것입니다. 나는 포도나무에 완전히 귀속되어 있습니다. 진액이 많든 적든 포도나무가 주는 대로 받을 수 있을 뿐입니다. 나는 포도나무의 재량에 따라 여기에 있는 것이다. 포도나무는 자신이 원하는 대로 나를 대할 수 있습니다."

주 예수 그리스도께 완전히 순종하는 것은 문자 그대로 그리스도께서 자신을 하나님께 전적으로 드리셨듯이 나를 그리스도께 전적으로 드리는 것입니다. 아마 당신은 결코 그렇게는 할 수 없다고 생각할 것입니다. 마치 그리스도께서 오로지 아버지의 기쁨만을 구하기 위해서, 아버지께 절대적으로 완전히 의존하기 위해서 자신의 생명을 포기하셨듯이 그리스도의 기쁨을 구하기 위한 것 외에는 어떤 것도 하지 않는 것이 그분께 완전히 순종하는 것입니다. 예수 그리스도께서는 오셔서 그분 자신의 성령을 우리 안에 불어 넣으셨는데, 이는 그분께서 그리하셨듯이 우리로 전적으로 하나님만 위하여 사는 삶 가운데 있는 최고의 행복을 찾게 하시려는 목적에서였습니다.

신앙 생활의 밑바닥에는 종종 심각한 오해가 있습니다. 사람은 이렇게 생각합니다. "나는 내 일이 있고, 내 가족을 위한 의무가 있고, 시민으로서의 의무가 있다. 나는 이 모든 것을 바꿀 수 없다. 나는 죄에서 나를 지켜줄 그 어떤 것으로서 신앙 생활하고 하나님께 봉사할 것이다. 하나님께서는 내가 내 의무를 합당하게 수행할 수 있도록 도와주신다!" 이렇게 생각하는 것은 옳지 않습니다. 그리스도께서 오셨을 때 그분께서는 자신의 보혈로 죄인을 사셨습니다. 만일 여기에 내가 노예 시장에서 노예를 산 다음 그의 옛 환경으로부터 데려와 내 집에 있게 한다면 그는 내 개인 소유로서 내 집에 살 것이며 나는 온 종일 그에게 명령할 수 있을 것입니다. 그가 신실한 노예라면, 자신의 소유에 대해 어떤 뜻을 갖거나 관심을 두지 않고 살아갈 것이며 그가 주의하는 한 가지는 자신의 주인이 잘 되고 명예를 얻는 것입니다. 이와 같이 우리는 "어떻게 하면 내 주인을 기쁘게 할 수 있을까?"라는 한 가지 생각으로 살도록 사신 바 된 것입니다.

우리는 그리스도인의 삶이 아주 어렵다고 생각하는데, 이는 우리가 자신의 뜻 안에 살면서 하나님의 축복을 구하기 때문입니다. 우리는 자신의 원함을 따라 그리스도인의 삶을 살기를 기뻐합니다. 우리는 스스로 계획을 세우고 자신의 일을 선택한 뒤 주 예수께서 개입하셔서 너무 많은 죄가 우리를 정복하지 못하도록, 우리가 너무 많이 잘못되지 않도록 돌보아주시고 많이 축복해 주시길 구합니다. 그러나 주님과 우리는 그분께서 원하시는 대로 우리를 사용하실 수 있는 관계에 있습니다. 그러므로 날마다 그분께 겸손히 엎드려 "주여, 제가 당신의 뜻대로 하지 못한 것이 있습니까? 제가 아직 당신 앞에 완전히 포기하지 않은 어떤 것이 있습니까?"라고 말하십시오. 만일 우리가 인내함으로 기다리고 기다린다면, 우리와 그리스도의 관계는 너무나 부드럽고 친밀해져서 마침내 예전에 그분과의 관계가 얼마나 멀었는지, 그리고 그분께서는 정말로 오셔서 우리를 실질적으로 소유하시고 날마다 중단되지 않는 교통을 허락하실 것임을 깨닫게 될 것입니다. 포도나무에 완전히 순종하는 가지는 우리를 절대적 순종으로 초대합니다.

　죄를 포기하는 것에 대해서 많이 언급하지는 않겠습니다. 어떤 사람들은 격렬한 기질, 좋지 않은 습관, 틈틈이 저지르는 실제적인 죄를 가진 채 결코 하나님의 어린양의 가슴에 내어 맡긴 적이 없을 수 있습니다. 당신이 살아 있는 포도나무의 가지라면 한 가지 죄도 범하지 않길 나는 기도합니다. 나는 거룩에 관한 문제에 대해 많은 어려움이 존재함을 알고 있습니다. 나는 모든 사람이 거룩함에 대해 동일하게 생각하지 않음을 알고 있습니다. 만일 모든 사람이 모든 죄에서 자유로와지길 간절히 소망한다면 내가 죄와 거룩함의 문제를 그다지 많이 강조할 필요는 없을 것입니다. 그러나 사람들이 무의식적으로 "우리는 죄 없이 살 수 없다. 우리는 날마다 조금이라도 죄를 지어야만 한다. 우리는 어쩔 수 없다."는 생각과 타협할까 두렵습니다. 오! 그러한 사람들은 "주여, 제발 죄에서 저를 지켜주시옵소서!"라고 정말로 주께 부르짖어야 합니다. 당신 자신을 완전히 예수께 드리고 그분께 최선을 다해 당신을 죄에게 지켜주시기를 구하십시오.

우리가 사역하는 중에, 혹은 교회에 있을 때나 환경 안에서 "괜찮다. 그것은 바뀔 수 없어."라고 생각하는 경우가 많습니다. 우리는 주 예수께 나아가 그에 대해 묻지 않습니다. 모든 것을 주님과의 관계로 가져가십시오. 그리고 말하십시오. "주여, 내 인생의 모든 것이 은혜로운 포도나무이신 당신의 가지로서의 나의 위치와 완전한 조화를 이루게 하소서." 하나님께 대한 당신의 순종이 절대적인 것이 되도록 하십시오. 그러면 그리스도께서는 당신에게 어떤 것이 그분의 마음을 따르지 않는 것인지 보여주시며 당신을 더 깊고 더 높은 축복 가운데로 인도하실 것입니다.

이 모든 것을 한 마디로 요약하겠습니다. 예수 그리스도께서는 "나는 포도나무요 너희는 그 가지니"라고 말씀하셨습니다. 즉, 다른 말로 하면, "나는 너희에게 내 자신을 완전히 주었던 살아 있는 포도나무이다. 너희는 나를 매우 많이 신뢰하지 않는다. 그러나 나는 전능한 사역자이며 신성한 생명과 능력으로 충만하다."라는 의미입니다. 당신은 주 예수 그리스도의 가지입니다. 만일 당신 마음에 "나는 강하거나 건강하거나 열매를 잘 맺는 가지가 아니다. 나는 주님과 가까이 연결되어 있지도 않으며 마땅히 그래야 하는 것처럼 그분 안에 살지도 않는다."라는 의식이 있다면 귀를 기울여 보십시오. "나는 포도나무이니라. 내가 너희를 영접하여 내게로 이끌 것이다. 내가 너희를 축복하겠다. 내가 너희를 강화시키고 내 영으로 채우겠다. 포도나무인 나는 너를 내 가지로 삼아 내 자신을 완전히 너희에게 주겠다. 그러므로 너희 또한 나를 위해 자신을 완전히 바치라. 나는 하나님인 나 자신을 너희에게 완전히 주었다. 내가 완전히 너희의 소유가 될 수 있도록 나는 사람이 되어 너희를 위해 죽었다. 와서 너희 자신을 완전히 순종시킴으로 나의 소유가 되라."

이러한 하나님의 음성에 우리가 어떻게 대답해야 하겠습니까? 살아 계신 그리스도께서 당신을 취하시고 당신과 친밀한 관계를 가지실 수 있도록 마음 깊은 곳에서 기도를 합시다. 살아 계시는 포도나무이신 그리스도께서 당신을 그분께로 연결시키심으로 결국 당신의 마음은 다음과 같이 노래하게 될 것입니다. "그분은 나의 포도나무이시요 나는 그분의 가지입니다. 나는 아무 것도 더 원하지 않습니다. 지금 나는 영원하신 포도나무를 소유하고 있습니다." 그런 다음 그분을 경배하고 찬양하며 신뢰하고 사랑하며 그분의 사랑을 기다리십시오. "당신은 나의 포도나무이시요 나는 당신의 가지입니다. 그것으로 충분합니다. 나의 영혼은 만족케 되었습니다. 그분의 복되신 이름에 영광을 돌립니다!"

완벽한 항복
Absolute Surrender

by Andrew Murray

초판 발행 | 2014년 10월 6일

저자 | 앤드류 머레이(Andrew Murray)
번역 | 벧엘서원 번역부

발행인 | 유병헌
발행처 | 벧엘서원.IMC
등록번호 | 제 387-2012-000037 호

420-867 | 경기도 부천시 원미구 부일로 123, 201호 (상동, 그린프라자)
Tel | 032.322.3095
Fax | 0303.3440.3452
홈페이지 | www.bethelbook.co.kr
Email | btbook.imc@gmail.com

Korean Edition
Copyright © 2013 by Bethelbook.IMC
420-867 | 123, Buil-ro, Wonmi Gu, Bucheon City, Gyeonggi Do, Korea

값 10,000 원
ISBN | 978-89-92014-62-5   Printed in Korea